VICTOR HUGO
ET ROSITA ROSA

Apprenez qu'elle se nomme
Doña Rosita Rosa...

Elle vient de ce Brésil
Si doré qu'il fait du reste
De l'univers un exil.

Victor Hugo.

ÉTUDE

PAR

MARIO DE LIMA-BARBOSA

PARIS
LIBRAIRIE ALBERT BLANCHARD
3 et 3 bis, Place de la Sorbonne

1927

VICTOR HUGO
ET ROSITA ROSA

Apprenez qu'elle se nomme
Dona Rosita Rosa...

—

Elle vient de ce Brésil
Si doré qu'il fait du reste
De l'univers un exil.

Victor Hugo.

ÉTUDE

PAR

MARIO DE LIMA-BARBOSA

PARIS
LIBRAIRIE ALBERT BLANCHARD
3 et 3 bis, Place de la Sorbonne
—
1927

VICTOR HUGO ET ROSITA ROSA

Les éditions des *Chansons des Rues et des Bois* présentent les pièces de « L'Eternel Petit Roman » sans dates. La seule qui apparaît avec une date imprimée est la pièce XVII — *A UN VISITEUR PARISIEN* — et celle-ci, mystérieusement, indique « Domrémy, 182... » Cependant sur le manuscrit de la Bibliothèque Nationale de Paris nous trouvons, écrites de la main de Victor Hugo, les dates et indications suivantes :

Pièce I. — *Le Doigt de la Femme* — 12 Septembre 1839.

— II. — *Fuite en Sologne* — 19 Août — Il a rayé l'année après l'avoir écrite.

— III. — *Gare !* — 23 Juin 1839.

— IV. — *A Dona Rosita Rosa* — 1-9 Août 1839.

— — 11-10 Août 1839.

— V. — *A Rosita* — 30 Mai 1839.

— VI. — *C'est parce qu'elle se taisait* — 17 Août (sans millésime).

— VII. — *A la Belle Impérieuse* — 16 Août (sans millésime).

— VIII. — *Sommation Irrespectueuse* — (sans date).

— IX. — *Fêtes de Village en Plein Air* — 29 Juillet 1839.

— X. — *Confiance* — 12 Août (sans millésime).

Pièce XI. — *Le Nid* (sans millésime).

— XII. — *A Propos de Dona Rosa* — Ecrit de Heidelberg à Carlsruhe, 6 Septembre (sans millésime).

— XIII. — *Les Bonnes Intentions de Rosa* — Bade, 8 Septembre 1839.

— XIV. — *Rosa Fâchée* — 18 Août (sans millésime).

— XV. — *Dans les Ruines d'une Abbaye* — (sans date).

— XVI. — *Les Trop Heureux* — 8 Juin 1839 — Frick (?).

— XVII. — *A un Visiteur Parisien* — Domrémy, 182...

— XVIII. — *Dénonciation de l'Esprit des Bois* — 12 Août (sans millésime).

— XIX. — *Réponse à l'Esprit des Bois* — 12 Août (sans millésime).

— XX. — *Lettre* — 18 Septembre — Il a rayé l'année après l'avoir écrite.

— XXI. — *L'Oubli* — 14 Juin 1839.

Nous avons ainsi :

1 Pièce datée 182.. (XVII),

3 Pièces sans date (VIII, XI, XV),

9 Pièces avec jour et mois, sans l'année (II, VI, VII, X, XII, XIV, XVIII, XIX, XX,

8 Pièces datées de 1839 (I, III, IV, V, IX, XIII, XVI, XXI).

——

21

Les huit pièces datées de 1839 ne correspondent point, en se suivant, à l'ordre que Hugo leur donne dans la formation du volume. Soit :

30 Mai 1839 — V — (A Rosita).

8 Juin 1839 — XVI — (Les Trop Heureux).

14 Juin 1839 — XXI — (L'Oubli).

23 Juin 1839 — III — (Gare !).

29 Juillet 1839 — IX (Fêtes de Village en Plein Air).

9 et 10 Août 1839 — IV — (A Dona Rosita Rosa — I et II).

8 Septembre 1839 — XIII — (Les Bonnes Intentions de Rosa).

12 Septembre 1839 — I — (Le Doigt de la Femme).

Quant aux neuf pièces avec le jour et le mois *sans l'année*, leur placement dans le volume ne correspond pas non plus à l'ordre de numération des mêmes pièces.

12 Août X (Confiance).

12 Août — XVIII — (Dénonciation de l'Esprit des Bois).

12 Août — XIX — (Réponse à l'Esprit des Bois).

16 Août — VII — (A la Belle Impérieuse).

17 Août — VI — (C'est parce qu'elle se taisait).

18 Août — XVI — (Rosa fâchée).

19 Août — II — (Fuite en Sologne).

6 Septembre — XII — (A propos de Dona Rosa).

18 Septembre — XX — (Lettre).

Dans le premier cas — celui des huit pièces datées de 1839 — celle qui porte le N° I est précisément *la dernière en date*. En la comparant avec les pièces qui ont le jour et le mois mais pas l'année — la pièce I reste encore comme l'avant-dernière en date. — Nous pensons que cette pièce — *Le Doigt de la Femme* — a dû être écrite exactement à la fin, pour être placée comme préface à « l'Eternel Petit Roman ».

En détachant les quatre pièces datées de Septembre, avec l'année et sans l'année, parmi lesquelles se trouve la pièce citée sur *Le Doigt de la Femme*, nous obtenons l'ordre suivant :

6 Septembre XII — (A Propos de Dona Rosa).

8 Septembre 1839 VIII — (Les Bonnes Intentions de Rosa).

12 Septembre 1839 I — (Le Doigt de la Femme).

18 Septembre XX — (Lettre).

Et si maintenant nous voulons examiner l'état d'esprit du poète, nous trouverons ces manifestations qui rapprochent les quatre pièces les unes des autres :

— A la pièce XII — *A propos de Dona Rosa* — 6 Septembre — Hugo décrit au troisième vers du 2e quatrain :

Quand les hommes, en proie aux rêves...

Datée de douze jours plus tard, la pièce XX — *Lettre* — 18 Septembre — dit :

J'ai mal dormi. C'est votre faute.
J'ai rêvé *que, sur des sommets,*
Nous nous promenions côte à côte,
Et vous chantiez, et tu m'aimais.
. . . .
J'ai jusqu'à l'aube été la proie
De ce rêve *mauvais coucheur...*

Les deux derniers vers du 10e quatrain de cette pièce XX se combinent, ainsi que nous le voyons, avec le troisième vers du 2e quatrain de la pièce XII.

— Dans la pièce XII, aux 6e et 7e quatrains, Hugo parle encore « A Mérante »...

O Mérante, il n'est rien qui vaille
Ces purs attraits, tendres tyrans,
Un sourire qui dit : Bataille !
Un sourire qui dit : Je me rends !

Ces vers se rapprochent sensiblement du 11ᵉ quatrain de la pièce XX (18 Septembre), quand le poète parle à Rosita Rosa :

Vous me quittiez, vous me preniez ;
Vous changiez d'amour...

La pièce XIII — *Les Bonnes Intentions de Rosa* — datée du 8 Septembre 1839, se termine par ces vers, en lesquels Victor Hugo cause avec « Belzebuth, très bon diable ».

Je lui dis : — Que vous pensez d'elle ?
Contez-moi ce que vous savez.
— Son désir de t'être fidèle,
Dit-il, est un de mes pavés.

Et la pièce I — *Le Doigt de la Femme* — datée du 12 Septembre 1839, contient la même idée du diable qui figure dans la pièce XIII. — Dans les deux derniers quatrains, le poète dit :

Ayant fait ce doigt sublime,
Dieu dit aux anges : Voilà !
Puis s'endormit dans l'abîme ;
Le diable *alors s'éveilla.*

Dans l'ombre où Dieu se repose,
Il vint, noir sur l'orient
Et tout au bout du doigt rose
Mit un ongle en souriant.

Non point seulement l'idée du diable, mais aussi l'idée d'*infidélité* doit se trouver en cette allusion à *un ongle*.

*
* *

Dans le second cas — celui des neuf pièces avec jour et mois, mais *sans l'année* .. celle qui a le numéro II, suivant l'ordre des dates, deviendrait l'avant-dernière.

En raccordant les huit pièces datées du mois d'août, nous établissons l'ordre suivant :

9 et 10 Août 1839 — IV — A Dona Rosita Rosa (I-II).
12 Août 1839 — X — Confiance.
12 Août — XVIII — Dénonciation de l'Esprit des Bois.
12 Août — XIX — Réponse à l'Esprit des Bois.
16 Août — VII — A la Belle Impérieuse.
17 Août — VI — C'est parce qu'elle se taisait.
18 Août — XVI — Rosa Fâchée.
19 Août — II — Fuite en Sologne.

Dans ce cas encore, c'est la pièce II qui devient la dernière. Cependant Hugo, par cette pièce, tient à marquer l'un des premiers pas — sinon le premier — de ses amours avec Rosita Rosa.

Examinons à quoi peuvent correspondre ces pièces datées du mois d'Août :

— Les 9 et 10 Août 1839, Victor Hugo propose à Rosita Rosa d'accepter son rêve d'amour « en qualité de caprice » :

Mon rêve, ô belle des belles
Te convient.

— Le 12 Août (sans année) il n'écrivit pas moins de trois pièces : X, XVIII et XIX. — De la première aux deux dernières existe un saut de huit à neuf numéros. Pourtant le sujet de ces trois pièces, qui portent la même date, se ressemble fort.

A la pièce X — *Confiance* — Hugo écrit au premier quatrain :

Ami, tu me dis « Joie extrême !
Donc, ce matin, comblant ton vœu,
Rougissante, elle a dit : Je t'aime
Devant l'aube, cet autre aveu.

Cette pièce X est adressée « à Mérante »...

Dans la pièce XVIII — *Dénonciation de l'Esprit des Bois* — on lit au premier quatrain :

J'ai vu ton ami, j'ai vu ton amie,
Mérante et Rosa ; vous n'étiez point trois.
Fils, ils ont produit une épidémie
De baisers parmi les nids de mon bois.

Déjà dans la pièce X Hugo avait écrit au premier vers du dernier quatrain : « Et, dans les grands *bois* qui m'entourent... » A la pièce XIX — *Réponse à l'Esprit des Bois* — c'est le titre même qui indique la continuation de la pièce XVIII. Et au deuxième vers du 9e quatrain de la pièce XIX, Hugo conclut : « Je n'en crois rien ». Ceci correspond à ce qui figure dans le 15e quatrain de la pièce X :

J'écoute en moi l'hymne suprême
De mille instruments triomphaux,
Qui tous répètent qu'elle m'aime,
Et dont pas un ne chante faux.

— Le 16 Août (sans année), le poète continue à parler le langage de qui insiste sur un amour non partagé.

Voici ce qu'il dit dans la pièce VII — *A la Belle Impérieuse :*

. . . .
Laissez-moi dire,
N'accordez rien,
Si je soupire,
Chantez, c'est bien.

Si je demeure,
Triste à vos pieds,
Et si je pleure,
C'est bien, riez.

Un homme semble
Souvent trompeur.
Mais si je tremble,
Belle ayez peur.

— Le 1er Août (sans année), Victor Hugo évoque les jours plus heureux d'autrefois. C'est en parlant au passé — « je n'avais », « nous allions », qu'il dit dans la pièce VI — *C'est parce qu'elle se taisait* (1) :

---

(1) M. Louis Guimbaud dit dans *Victor Hugo et Madame Biard* — Auguste Blaizot, éditeur. Paris, 1927 ; — Page 88 : « ... dans le courant du mois d'avril, les deux amants vont au Bois, presque tous les jours. Victor Hugo s'est procuré une « calèche » de louage, dont Juliette dans ses lettres ne laisse point de plaisanter la magnificence. Il y cache sa nouvelle amie. Trouble muet de la jeune femme. *Suivant sa pente naturelle, elle garde volontiers le silence, qui lui sied.* et se borne à étaler sur les coussins, ses grâces pliantes, etc. *Victor Hugo a noté tout cela, dans une pièce* PEU CONNUE (sic) : C'est parce « *qu'elle se taisait* ». L'auteur n'ajoute rien qui l'autorise à enlever à « L'Eternel Petit Roman » une pièce qui appartient à Rosita Rosa. Pour commencer, il estime *peu connue* une pièce qui doit être plus connue que d'innombrables éditions l'attestent des *Chansons des Rues et des Bois* qui se succèdent depuis 1865. — Parce que Victor Hugo a écrit dans un vers « Elle ne disait rien du tout » l'auteur cité en profite pour dire : « Suivant sa pente naturelle, elle garde volontiers le silence qui lui sied... » Rien d'autre, car dans tout le livre, pas une référence documentée, en allusion à un tel silence de Mme Biard. — Parce que le poète a dit que sa

Nous allions en voiture au bois,
Seuls tous les trois, et loin du monde...
. . . .
Elle ne disait rien du tout,
Pensive au fond de la calèche...
. . . .
L'Amour, c'est je ne sais quoi.
Une femme habile à se taire
Est la caverne où se tient coi
Ce méchant petit sagitaire.

— Le 18 Août (sans année) c'est le jour de *Rosa fâchée* (pièce XIV). Le poète fait allusion à « une querelle » :

Une querelle. Pourquoi ?
Mon Dieu ,parce qu'on s'adore...

— Le 19 Août, dans *Fuite en Sologne* — II — dédiée « Au Poète Mérante », Victor Hugo appelle l'ami qui doit le trahir avec Rosita Rosa. La pièce X, qui, comme nous

---

maîtresse restait « pensive au fond de la *calèche* », le dit auteur se rapporte à une lettre de Juliette Drouet datée du 19 mai 1844, dans laquelle il est parlé d'une calèche louée par Victor Hugo, et il s'en prévaut pour détacher une pièce qui appartient à Rosita Rosa et la passer à Mme Biard. — Ainsi qu'on le voit, l'auteur en question s'est appuyé uniquement sur deux points. Primo : le silence. Base pour prouver : « sa pente naturelle » et surtout « qui lui sied ». Segundo : une *calèche*. Base pour prouver : le fait que Victor Hugo a loué une *calèche*, en 1844. — Mais, en 1839, ce mode de transport existait également. Même Victor Hugo, dans sa Lettre XXIX du *Rhin*, datée d'août (1839), parle des *calèches* qui stationnaient habituellement à la porte de son hôtel. Il était alors à Strasbourg. Et un peu plus tard, toujours dans *Le Rhin*, Lettre XXXVII, datée de septembre (1839), il nous donne une description pittoresque des *calèches* à Schaffhouse. Ajoutons ceci : A Blois, dans la maison du père de Victor Hugo, il existait aussi une *calèche*. A l'inventaire qui suivit la mort du général Hugo, il fut stipulé que sous la remise étaient une carriole et une charrette, — et une *calèche*, que le général avait achetée 1.900 fr. — et qui avait été cédée par lui à son fils Abel. — Voir Louis BELTON : *Victor Hugo et son père le général Hugo à Blois*, page 9. — Notons enfin que dans les vers à Rosita Rosa, dans les *Chansons des Rues et des Bois*, Hugo a parlé d'un *bois* avec minuscule, et que l'auteur du livre *Victor Hugo et Madame Biard* a voulu le transfromer en le *Bois* avec majuscule.

l'avons vu, porte la date du 12 Août, soit sept jours plus tôt, écrivait déjà :

J'ai la foi. Mon esprit facile
Dès le premier jour constata
Dans la Sologne une Sicile,
Une Aréthuse en Rosita (1).

De même, dans la pièce XVII — *A un Visiteur Parisien* — datée de « Domrémy, 182... » Hugo disait : « Je l'ai suivie en Sologne ». Cette pièce conserve dans le manuscrit la même date, et c'est la seule qu'a datée le poète en dessous du titre, au haut de la page, alors que pour les autres il a marqué invariablement la date à la fin de chacune d'elles.

Il serait absurde de chercher à rapprocher les années 182... de l'année 1839, qui est celle que Victor Hugo a fixée sur son manuscrit de la Bibliothèque Nationale de Paris (2). Mais la date 182..., avec ses réticences, semble bien indiquer d'elle-même qu'elle n'est point la véritable. Bien souvent le grand poète s'est amusé avec une fantaisie semblable au jeu des dates. « Dans l'édition originale des *Contemplations*, la « Fête chez Thérèse » est datée de 18... Or, dans le manuscrit des la Bibliothèque Nationale, elle est datée du 16 février 1840 (3). Sur la pièce « A Virgile », des *Voix Intérieures* — VII — M. L. Guimbaud écrit encore : « La pièce est datée du 23 mars 18... Mais par les lettres de Juliette, nous savons qu'elle fut composée aux Roches, dans le mois de Juin 1835. Ce n'est pas la dernière fois que nous verrons Victor Hugo se livrer à des modifications de dates ; par exemple, il a

---

(1) Pièce X — Confiance — 7e quatrain.

(2) Dans le manuscrit de la pièce II — *Fuite en Sologne* — après avoir écrit l'année, Victor Hugo la raya.

(3) Louis Guimbaud : *Victor Hugo et Madame Biard*, p. 77.

daté la *Tristesse d'Olympio* du 21 octobre 1837. D'après Juliette, la pièce serait du 13 octobre » (1). Et dans le volume même des *Chansons des Rues et des Bois*, pour un motif d'opinions politiques, Biré a contesté la date de la pièce II, Ve partie, qui a pour titre « Ecrit en 1827 » (2) Pour ce qui a trait à ses *opinions* en matière amoureuse, le jeu des dates est plus souligné encore par les divers auteurs qui ont étudié Victor Hugo sous cet aspect. Et c'est l'auteur du livre *Victor Hugo et Madame Biard* qui disait encore récemment : « Mais on sait quelle liberté Victor Hugo prenait couramment avec la chronologie. Souvent étourdi par une vie partagée entre le travail et le plaisir, il ne datait pas du tout ses œuvres de premier jet. L'heure venue de les introduire dans un recueil destiné à l'impression, il datait d'après ses souvenirs et surtout d'après le besoin où il était de tromper les lecteurs en général, Madame Victor Hugo et Juliette Drouet en particulier (3). Chez lui, il faisait mystère de ce qu'il écrivait et dissimulait ses manuscrits aux regards indiscrets. Le 23 septembre 1852, Madame Victor Hugo disait : « Mon mari ne passe pas un jour sans écrire, mais il est assez mystérieux sur ce qu'il fait » (4) D'autre part, l'auteur du livre *Le Roman de Juliette et de Victor Hugo* nous a conté ceci : « M. Henry Turner, qui fut anciennement le relieur de Victor Hugo et est un des hommes les mieux connus de Guernesey ,raconte combien le poète prenait d'infinies précautions chaque fois qu'il lui donnait un manuscrit à relier. Victor Hugo avait pleine confiance en l'honnêteté et la discrétion de M. Turner, et cependant le relieur devait, sans exception, lui rapporter tous ses manuscrits ,chaque soir, à Hauteville-House, où le poète les

(1) Louis Guimbaud : *Victor Hugo et Juliette Drouet* — nouvelle édition. — Blaizot, éd. Paris, 1927 — page 79 — nota 1.

(2) E. BIRÉ : *Victor Hugo avant 1830*, page 406.

(3) L. Guimbaud : *V. Hugo et Mme Biard*, page 77.

(4) *Idem*, page 188.

enfermait lui-même à double tour dans un coffre-fort » (1).

Il nous reste à examiner cinq pièces, toutes portant l'année 1839, inscrite sur le manuscrit de la Bibliothèque Nationale de Paris :

— Le 30 Mai 1839 — Hugo évrit la pièce V — *A Rosita* — à laquelle il demande : « Tu ne veux pas m'aimer, méchante ? » Pour concorder avec le mois de mai, nous trouvons le deuxième vers, qui parle du printemps :

Le printemps *en est triste, vois...*

— Dix jours plus tard, 8 Juin 1839, le poète nous donne la pièce XVIe — *Les Trop Heureux.* — Il y a un saut de onze numéros pour l'emplacement de cette pièce dans le volume des *Chansons des Rues et des Bois.* — Nous pourrions également dire qu'il existe un autre saut

---

(1) H.-W. WACK : *Le Roman de Juliette et de Victor Hugo.* — Librairie Universelle, Paris, 1906 — pages 56-57. — Au moment du coup d'Etat, Mme Victor Hugo eut l'occasion de trouver non seulement les manuscrits, mais aussi toutes les lettres intimes, ainsi qu'elle le dit à son mari : « J'ai mis en réserve... Je crois avoir tout fait avec soin et intelligence ». Et encore dans une autre lettre de l'année 1852 : « Cher ami, la vente est terminée... Avant le jour de l'exposition j'ai passé huit jours à m'occuper des préparatifs, vider les armoires, tout visiter enfin. Il faut que je te gronde. Comment se fait-il que tu aies déposé dans le tiroir de la table de nuit qui n'a pas de serrure des lettres intimes, et en telle quantité que le tiroir a fait résistance ?... Tu te rappelles un meuble de bois de sapin formant comme une bibliothèque, recouvert en étoffe de soie provenant d'une de tes robes de chambre. Ce meuble était au grenier. Il a été descendu dans la remise avec les autres objets sans valeur, afin d'être vendu dans la remise même. Je songe subitement avoir vu une espèce de coffre en bois encastré dans cette bibliothèque. Je descends. Je fais tout démonter dans la susdite remise, paillasses, vieux meubles, les rebuts. Les lots étaient préparés, ce bouleversement faisait pester l'homme qui avait arrangé les lots. Je trouve toutes sortes de papiers et de choses intimes ». — *in Gustave Simon* : *La Vie d'une Femme* — 2e éd. Lib. Ollendorff — Paris ,s. d. — pages 284 et 285-286 — Dans une autre lettre du 12 décembre 1851, Madame Victor Hugo disait : « J'ai été très occupée de tes dessins, j'ai pensé à faire déposer la malle que je supposais contenir ces dessins chez lui (Bellet). Rien n'eût été plus sûr. En soulevant la malle je l'ai sentie vide. Où sont donc ces dessins ? C'est mon idée fixe. » — *Gustave Simon*, ouv. cit. page 251, nous explique que *dessins* est le « mot convenu pour désigner les manuscrits » (nota 1).

dans la situation amoureuse de Victor Hugo et de Rosita Rosa, car le poète, au lieu de parler des tristesses de dix jours auparavant, nous fait ouïr sa chanson de « Trop Heureux ».

Et l'étamine, âme inconnue,
Qui de la plante monte au ciel,
Le vent errant de nue en nue,
L'abeille errant de miel en miel, (1)

---

(1) Les abeilles sont une image dont Victor Hugo use et abuse à tout instant. Dans la pièce XXI de « L'Eternel Petit Roman » des *Chansons des Rues et des Bois*, le poète dira encore :

Elle sourit, et joyeuse,
Parle à son nouvel amant
Avec le chuchotement
D'une abeille dans l'yeuse.

Dans *Feuilles d'Automne* — XXXVII, 7e partie, Hugo écrit :

Lèvres de la rose
Où l'abeille pose
Sa bouche de miel !

Dans la « Pente de la Rêverie » (F. d'Automne), pour décrire l'Amérique :

.... cités bourdonnant aux oreilles
Plus qu'un bois d'Amérique ou de Ruches d'abeilles...

Trente-deux vers plus loin, même pièce :

Ces villes du passé, muettes et fermées,
Sans fumée à leurs toits, sans rumeurs dans leurs seins,
Se taisaient et semblaient des ruches sans essaims.

Dans « Bièvre », pièce XXXIV des *Feuilles d'Automne*, le onzième vers dit : « La brise y suspend une abeille... » — Au quarante et unième vers de la pièce XV des *Feuilles d'Automne*, il y a « un essaim d'écoliers », et dans la même pièce, au cinquante-huitième vers, le poète dit : « Courez et bourdonnez comme l'abeille aux champs ! » — Dans la pièce XVII, vingt et unième vers : « Tout miel est amer... » Dans *Chants du Crépuscule*, pièce XXV, quinzième vers, Hugo dit : « Et comme un vif essaim d'abeilles... » Dans la pièce XXVI — 95e, 96e vers (*Ch. du Crépuscule*) :

Comme mouches éphémères
Qui n'ont pas vu faire le miel !

Dans la pièce XXXII (*Chants du Crépuscule*) — le 60e vers dit : « s'abattre sur son front un *essaim* de pensées.

L'oiseau, que les hivers désolent,
Le frais papillon rajeuni,
Toutes les choses qui s'envolent,
En murmurant dans l'infini.

— Le poète date *L'Oubli* (XXI) du 14 Juin 1839 : C'est la dernière pièce de l'Eternel Petit Roman. Neuf jours plus tard, vient la pièce III — *Gare !* — datée du 23 Juin 1839. — Et, finalement, Hugo date du 29 juillet 1839 la pièce IX — *Fêtes de Village en Plein Air.* — Pour cet ordre de dates, nous avons en premier une pièce qui parle d'oubli...

Autrefois inséparables,
Et maintenant séparés.

Le morne oubli prend dans l'ombre,
Par degrés, l'épaisseur sombre
De la pierre du tombeau (1).

En second lieu, une des pièces principales placées au commencement nous donne la pleine irradiation de l'amour de Victor Hugo pour Rosita Rosa :

Quel danger ! on la devine.
Une nimbe à ce front vermeil !
Belle, on la rêve divine,
Fleur, on la rêve soleil.

Elle est lumière, elle est onde.
On la contemple. On la croit
Reine et fée, et mer profonde
Pour les perles qu'on y voit (2).

---

(1) Pièce XXI — *L'Oubli* — 1er et 2e vers du 1er quatrain et 3e, 4e et 5e du 35e quatrain.

(2) Pièce III — *Gare !* — 16e et 17 quatrains.

En troisième lieu, la pièce datée des derniers jours de Juillet semble indiquer le mois quand le poète dit :

.... on fait cette débauche
De voir danser en plein midi... (1).

Et c'est tout. Car les cinq quatrains dont se compose cette pièce IX ne disent rien qui touche véritablement au « Petit Roman » de Hugo. A moins que nous n'acceptions l'idée que ces *Fêtes du Village en Plein Air* n'aient quelque rapport avec le seizième quatrain de la pièce XVII, où le poète disait *à un Visiteur parisien, à Domrémy :*

Cours les bals, danse aux kermesses
Les filles ont de la foi ;
Fais-toi tenir les promesses
Qu'elles m'ont faites à moi (2).

***

Il nous reste à examiner les trois pièces *sans date :*

— Dans la pièce VIII — *Sommation Irrespectueuse* — (« Quand Avril commence à luire ») le poète dit en vingt-six quatrains à sa maîtresse :

Rire étant si jolie,
C'est mal. O trahison
D'inspirer la folie,
En gardant la raison !

Rire étant si charmante !
C'est coupable, à côté
Des rêves qu'on augmente
Par son trop de beauté.

---

(1) Pièce IX — *Fêtes de Village en Plein Air* — 1er et 2e vers du 2e quatrain.

(2) Cette pièce est la seule datée 182... sans le jour ni le mois.

Une chose peut-être
Qui va vous étonner,
C'est qu'à votre fenêtre
Le vent vient frissonner.

Qu'avril commence à luire
Que la mer s'aplanit,
Et que cela veut dire :
Fauvette, fais ton nid.

Belle aux chansons naïves,
J'admets peu qu'on ait droit
Aux prunelles très vives,
Ayant le cœur très froid.

Quand on est si bien faite,
On devrait se cacher.
Un amant qu'on rejette,
A quoi bon l'ébaucher ?

On se lasse, ô coquette !
D'être toujours tremblant.
Vous êtes la raquette,
Et je suis le volant.

Le coq battant de l'aile,
Maître en son pachalick,
Nous prévient qu'une belle
Est un danger public.

Il a raison. J'estime
Qu'en leur gloire isolés,
Deux beaux yeux sont un crime,
Allumez, mais brûlez.

Pourquoi ce vain manège ?
L'eau qu'échauffe le jour,
La fleur perçant la neige,
Le loup hurlant d'amour,

L'astre que nos yeux guettent,
Sous l'eau, la fleur, le loup,
Et l'étoile, et n'y mettent
Pas de façon du tout.

Aimer est si facile
Que sans cœur, tout est dit,
L'homme est un imbécile,
La femme est un bandit.

L'œillade est une dette
L'insolvabilité,
Volontaire, complète
Ce monstre, la beauté.

Craindre ceux qu'on capitve,
Nous fuir et nous lier !
Etre la sensitive
Et le mancenillier !

C'est trop. Aimez, madame,
Quoi donc ! quoi ! mon souhait
Où j'ai tout mis, mon âme
Et mes rêves, me hait !

L'amour nous vise. Certes,
Notre effroi peut crier,
Mais rien ne déconcerte
Cet arbalétrier.

Sachez donc, ô rebelle,
Que souvent, trop vainqueur,
Le regard d'une belle
Ricoche sur son cœur.

Vous pouvez être sûre
Qu'un jour vous vous ferez
Vous-même une blessure
Que vous adorerez.

Vous comprendrez l'extase
Voisine du péché,
Et que l'âme est un vase
Toujours un peu penché.

Vous saurez, attendrie,
Le charme de l'instant
Terrible, où l'on s'écrie :
Ah ! vous m'en direz tant !

Vous saurez, vous qu'on gâte,
Le destin tel qu'il est,
Les pleurs, l'ombre, et la hâte
De cacher un billet.

Oui, — pourquoi tant remettre ? —
Vous sentirez, qui sait ?
La douceur d'une lettre
Que tiédit le corset.

Vous riez ! votre joie
A tout préfère rien.
En vain l'aube rougeoie,
En vain l'air chante. Eh bien,

Je ris aussi ! Tout passe.
O muse, allons nous-en.
J'aperçois l'humble grâce
D'un toit de paysan.

L'arbre, libre volière,
Est plein d'heureuse voix ;
Dans les pousses du lierre
Le chevreau fait son choix ;

Et, jouant sous les treilles,
Un petit villageois
A pour pendant d'oreilles
Deux cerises des bois.

Notons seulement que Hugo parle au dernier quatrain d'un « petit villageois » et que la pièce qui suit dans le volume a pour titre *Fêtes de Village en Plein Air* (29 juillet 1839).

— Si nous continuons l'examen des pièces *non datées* dans le manuscrit de la Bibliothèque Nationale de Paris — et en suivant l'ordre de la numération — nous voyons maintenant la pièce XI — *Le Nid :*

C'est l'abbé qui fait l'église ;
C'est le roi qui fait la tour ;
Qui fait l'hiver ? C'est la bise.
Qui fait le nid *? C'est l'amour.*

Dans la première pièce sans date — VIII — que nous venons de lire, Hugo parle encore, quatrième vers du 4e quatrain, de « *Nid* » — cette idée peut-elle nous servir à fixer au même moment la production de deux pièces par le poète ?

— La troisième et dernière pièce sans date a pour titre — *Dans les Ruines d'une Abbaye* — et paraît ne contenir aucun détail intéressant pour l'histoire de « L'Eternel Petit Roman ». Nous rencontrons une curieuse expression au neuvième vers de cette pièce XV, où le poète déclare : « On est tout frais mariés ». — Or, en toute sa vie, Hugo n'a été marié qu'une fois, et, ainsi ces vers, encastrés dans le roman de Rosita Rosa — exactement à la suite d'une pièce qui a pour titre *Rosa fâchée*, devraient apparemment s'adresser à une autre que Madame Hugo. Mais bien entendu le poète parle ici au sens figuré. Dès que ses affaires d'amour se conjuguent et s'harmonisent, pour lui — « on est tout frais mariés ». Dans le cas de Juliette Drouet, qui fut certes de plus d'envergure que celui qui nous occupe, il y eut aussi un mariage mystique (1). Quant au cas Rosita Rosa, Hugo lui-même l'étiqueta simplement « petit roman » — chose de tous les jours, particule de l'*éternel* petit roman... Mais rien ne nous autorise à croire que Hugo, s'étant mis à un moment donné en harmonie amoureuse avec Rosita Rosa, ait pu penser ce qu'il a écrit dans le vers cité.

Voilà donc, examinées, les vingt et une pièces de « L'Eternel Petit Roman » des *Chansons des Rues et des Bois*, en face des dates qui figurent sur le manuscrit de la Bibliothèque Nationale de Paris.

---

(1) Juliette Drouet en l'une de ses lettres disait à Victor Hugo : « ... C'est plus que la vie que je vous demande, c'est la célébration morale de notre mariage d'amour. » — L. Guimbaud : *Victor Hugo et Juliette Drouet*, nouv. éd. 1927, page 363,

II

Dans le manuscrit de la Bibliothèque Nationale de Paris nous trouvons encore les notes suivantes écrites par Victor Hugo : à la pièce XII — *A propos de Dona Rosa* — « écrite de Heidelberg à Carlsruhe, 6 Septembre »; à la pièce XIII — *Les Bonnes Intentions de Rosa* — « Bade, 8 septembre 1839 ».

Dans la première de ces deux pièces, le poète a inscrit le jour et le mois, uniquement. Dans la seconde, il a désigné l'année, mais le chiffre 3 a souvent l'air d'un 5, comme c'est le cas pour toutes les autres pièces dans les mêmes conditions, ce qui doit nous laisser hésitants entre 1839 et 1859.

Il est vrai que, pendant son exil, Victor Hugo abandonna l'île anglaise pour s'en aller en voyage (1). Mais la situation d'esprit où il se trouvait en 1859 doit prouver par les faits qu'il traversait des heures d'amertume à Guernesey, qu'il ne pouvait quitter cette année-là. A ce

(1) « Vers 1867 Victor Hugo fit un voyage en Zélande. Il s'embarqua à Anvers avec sa famille sur le vapeur *Télégraph*, pour se rendre à *DORDRECHT*. — » v. Gustave Rivet : *Victor Hugo chez lui*. — « Victor Hugo n'était pas à Guernesey quad j'arrivai dans l'île. C'était au mois d'août : à cette époque il voyageait habituellement en Belgique ». — Paul Stapfer . *Victor Hugo à Guernesey*, page 17 — « Le 28 octobre 1866, je fus reçu par Victor Hugo pour la première fois. Il était rentré depuis une semaine ». *Idem*, page 20. — Le 20 octobre 1867, j'allais descendre de ma chambre pour prendre ma place au dîner de une heure dans l'excellente famille bourgeoise où j'étais pensionnaire, quand je vis passer sous ma fenêtre, avec son grand chapeau de charbonnier et sa belle démarche, « l'homme à la jambe de prince » *revenu de son voyage annuel en Belgique et dans les Pays-Bas, etc.* » — *Idem*, page 89.

moment, nous ne lui voyons positivement pas de dispositions favorables à un « petit roman ». Examinons : — au mois de Mai « Mme Victor Hugo réussit à fléchir son mari et emmena Adèle à Londres le 9 Mai 1859. L'absence qui devait durer un mois se prolongea » (1). Tous ceux qui connaissent la vie du poète savent combien fut profondément douloureux ce moment où son cœur de père souffrait en présence de l'état anormal qu'affectait le caractère de sa fille Adèle et qui motiva tant de désagréables discussions entre Hugo et sa femme. C'est précisément à cette époque, alors que l'énergie d'une mère cherchait à redresser le moral de l'unique fille qui lui restait, que Victor Hugo, sans bien comprendre la situation, discutait âprement le cas de sa fille et se montrait blessé et plein de rancœur. Après le départ de la mère et de la fille, le poète continua de souffrir, cette fois de leur absence. M. Gustave Simon écrit : « On était au 21 Juillet. Il y avait plus de deux mois et demi que Mme Victor Hugo et sa fille étaient absentes. Victor Hugo était triste » (2). Ceci encore : Dans les premiers jours de Décembre le poète éleva la voix en faveur de John Brown (3). Ainsi, on peut dire que l'anée 1859 reste entièrement à part, d'autant plus qu'il n'y eut pas à cette époque de nouveau voyage au cours duquel Hugo aurait passé par Heidelberg, Carlsruhe ou Bade.

C'est à l'occasion de ses voyages au Rhin que Victor Hugo traversa ces localités. Nous allons examiner dans sa correspondance les dates citées ,en rapport avec les dites villes.

---

(1) Gustave Simon : *La Vie d'une Femme*, page 336

(2) *Idem*, page 342. — Victor Hugo écrivait de Guernesey à Londres : « Jespère, chère enfant, que tu finiras par t'y plaire un jour aussi, toi, et que toi qui as le sentiment délicat de la mélodie et de l'harmonie, tu ne seras pas toujours insensible à la grande symphonie du bon Dieu. Mon jardin est le balcon de cet opéra-là. Reviens-y, ma fille aimée, le plus tôt possible, ainsi que la chère mère. Je vous embrasse tendrement toutes les deux. » — *Idem* page 343.

(3) Voir C. de Tours : *Le Siècle de Victor Hugo* — page 198.

— Dans le voyage de 1838 — le poète partit en juillet (1) par la route de Meaux, passa par la Ferté-sous-Jouarre, Montmirail, Epernay, Chalons, Sainte-Menehould, Reims, Rethel, Mézières, Sedan, Givet, Dinant, Namur, Huy, Liège, Verviers, Aix-la-Chapelle, Cologne, Francfort, Mayence, Bingen, Worms, Mannheim, HEIDELBERG, Spire, CARLSRUHE, BADE, Strasbourg, etc.

— En 1839 — Victor Hugo sortit de Paris pour son nouveau voyage du Rhin et passa par Sézanne, Vitry-sur-Marne, Bar-le-Duc, Ligny, Toul, Nancy, Saverne, Strasbourg, Freibourg-en-Brisgau, Bâle, Baden, Zurich, Lucerne, Berne, Vevey, Lausanne, Genève, etc.

Hugo, écrivant dans la pièce XIII — *Les Bonnes Intentions de Rosa* — Bade, 8 Septembre 1839 — ne met pas

---

(1) M. Louis Guimbaud écrit in *Victor Hugo et Juliette Drouet*, nouv. éd. 1927 — page 88 : « Au mois d'août 1838, dans le moment qu'elle (Juliette) va partir en voyage avec Victor Hugo, etc... » Ceci est en contradiction avec les dates des lettres de Hugo, publiées dans les volumes du *Rhin*. Il suffit de vérifier la première lettre datée de La Ferté-sous-Jouarre, *Juillet* (1838). En outre, la seconde est datée d'Epernay, *21 Juillet* (1838). Ainsi donc, ledit voyage doit être de juillet et non d'août, comme l'écrit l'auteur du livre cité. C'est l'année suivante que Hugo partit au mois d'août : « En août 1839, Mme Victor Hugo était en villégiature à Villequier chez Auguste Vacquerie. Victor Hugo travaillait à Paris à son drame *Les Jumeaux*, mais, le 27 août, il écrit à sa femme : « Je suis tellement souffrant et la solitude de la maison m'est si insupportable que je vais partir. » — GUSTAVE SIMON : *La Vie d'une Femme*, pages 230-31.

— Par suite de cette même erreur, M. L. Guimbaud doit avoir mal placé les dates de quelques-unes des lettres de Juliette Drouet, en lesquelles « elle indiquait seulement le jour de la semaine et l'heure ». Ainsi la lettre classée du 2 août (1838), par sa teneur, indique que Juliette et Hugo sont à Paris. Or, par les lettres de 1838 du *Rhin* — la Ve du 1er août, est écrite « dans une auberge sur la route », et la VIe est de Liège, 3 août, etc. — La lettre de Juliette, sur laquelle M. Guimbaud met la date du 15 août (1838), dit ceci : « Je voudrais déjà être sur notre impériale, galopant, bien loin... » Et pourtant, le 3 août (1838) ils étaient déjà à Liège. De même ne paraît pas exacte la date de la lettre du 10 septembre (1838) où, dès les premières lignes, Juliette parle de « la capitale ». Plus loin, elle dit à Hugo : « Voilà que mon mal de gorge me reprend et vous n'êtes pas là à votre poste pour me guérir, etc. » Elle dit encore : « Pourquoi tu erres, puisque ta pièce est en répétition, etc. ». Tout ceci indiquerait qu'au moment où cette lettre est écrite, Juliette Drouet et Victor Hugo sont à Paris. Or, les lettres de Hugo dans *Le Rhin*, portent ces dates : XX, Bingen, 27 août (1838); XXI, Bingen, août (1838) XXII, Mayence, 15 septembre (1838).

d'accord *l'année* avec *le lieu*, puisque ce fut en 1838 qu'il passa par Bade, et non en 1839.

La pièce XII — *A propos de Dona Rosa* — avec sa note « écrite de Heidelberg à Carlsruhe », encore qu'elle ne porte pas mention de l'année, indique également 1838, quand le poète fit ce parcours.

En d'autres termes, la pièce XII étant du 6 Septembre et la pièce XIII du 8 septembre — la numération suivie et les dates rapprochées pourraient concorder avec les distances entre les endroits signalés par le poète.

De plus, Hugo a placé en premier Heidelberg et Carlsruhe (XII), et Bade (XIII) en second. C'est exactement ainsi que cela eut lieu au cours du voyage de 1838.

Toutefois, le mois de Septembre, que le poète a écrit en abrégé « 7bre » sur le manuscrit de la Bibliothèque Nationale de Paris, ne concorde pas avec l'époque où Victor Hugo passa par ces villes.

Dans le volume II du *Rhin*, nous trouvons la Lettre XXII, datée de « Mayence, 15 Septembre (1838) », la lettre XXIII également de « Mayence, Septembre (1838) » — et la Lettre XXV, toujours datée de Mayence, 1er Octobre (1838). Il n'y a donc pas concordance quant au mois de Septembre.

Dans le volume III du *Rhin*, la Lettre XXVIII, datée de Heidelberg, Octobre (1838), dit : « Je suis arrivé dans cette ville depuis dix jours ». A la fin de cette lettre, le poète ajoute un post-scriptum, daté de « Carlsruhe, Novembre ». C'est donc une lettre écrite entre Heidelberg et Carlsruhe, exactement comme la note que Hugo a mise dans la pièce *A Propos de Dona Rosa*.

— Serait-ce que ce qui paraît être « 7bre » dans le manuscrit de la Bibliothèque Nationale de Paris, devrait être lu, en réalité 9bre ? S'il en était ainsi, les dates concorderaient plus ou moins avec celles qui virent Victor Hugo à Heidelberg, à Carlsruhe et à Bade en 1838.

*
* *

En examinant maintenant le voyage du poète en 1839, nous trouvons dans le volume III du *Rhin* la Lettre XXXII, datée de Bâle, 7 Septembre : « Hier, cher ami, à cinq heures du matin, j'ai quitté Freiburg. A midi j'entrais dans Bâle ». Ainsi, Hugo arriva à Bâle le 6 Septembre 1839 et y demeura jusqu'au 8, jour qu'il partir pour Zurich, à cinq heures du matin (1).

Nous avons par suite à faire d'abord le contrôle suivant :

Dans les Lettres de Voyage	*Dans le manuscrit des Ch., des R. et des Bois :*
6 Septembre 1839 De Fribourg-en-Brisgau à Bâle	*6 Septembre* Ecrit de Heidelberg à Carlsruhe
8 Septembre 1839 Baden (2)	8 Septembre 1839 Bade

En second lieu, nous ferons ce rapprochement de textes :

LETTRE DE VICTOR HUGO	LETTRE DE JULIETTE DROUET
Aix-les-Bains, 24 Sept. (1839)	*Paris, 22 mars* (1840).
« ... Depuis Bâle jusqu'au delà de Lausanne j'ai voyagé avec une famille suisse excellente et charmante. Six personnes. Le père est un vieil-	« ... J'ai relu le manuscrit de Didine cette nuit et j'ai pleuré, et j'ai pleuré, toutes les larmes que j'avais retenues devant toi. Je suis plus convaincue que jamais que c'est une infidélité que tu as faite

(1) Lettre XXXII — Bâle, 7 septembre (1838), aux dernières lignes : « Demain, à cinq heures du matin, je pars pour Zurich, etc. »

(2) Entre Bâle et Zurich : — « Il y a de tout, à Baden... je me suis contenté de regarder sur la place, pendant qu'on changeait de chevaux, une fontaine de la Renaissance, etc. » — Victor Hugo : *Le Rhin* (éd. *ne varietur*) vol. III, page 102 (Lettre XXXV).

lard distingué, lettré, aimable, plein d'enseignements utiles, qui m'a rappelé ton père. La fille aînée est une jeune veuve agréable (dans le genre de Mme François). Elle a désiré voir Chillon, je lui ai offert mon bras, elle a accepté ; le frère aîné, brave étudiant enthousiaste, s'est mis de la partie et nous avons fait tous les trois l'expédition du château. A Coppet, la famille suisse m'a quitté. Je la regrette fort. »

Victor Hugo : En Voyage Alpes et Pyrénées — Lettre V: (A Madame Victor Hugo.)

à notre amour, le jour où tu as fait ces vers. Je ne comprends pas que tu puisses avoir la pensée de me faire croire le contraire ni de trouver mauvais que je m'afflige dans l'âme d'une infidélité de l'âme et de l'esprit. La jalousie n'est pas seulement pour des infidélités de sens, mais surtout et avant tout pour des infidélités comme celle que tu as commise en faisant ces vers et arrêtant ton regard et ta pensée sur cette jeune fille, tandis que mon âme, mon cœur, ma vie priaient pour toi dans cette église maudite de Strasbourg. Je n'y retournerai jamais, ni dans cette église ni dans la ville. Voilà qui est fini. Plût à Dieu que nous n'y fussions jamais allés, j'aurais une illusion de plus et un chagrin de moins. Enfin, ce n'est pas ta faute, tu désiré emporter le souvenir de cette femme, ne pouvant emmener sa personne, et tu as fait ces vers qui sont admirables et qui témoignent autant que ma jalousie combien l'impression a été profonde et saisissante. Je souhaite que tu n'aies jamais le sujet d'une jalousie aussi bien fondée que la mienne pour la femme que tu aimeras et je me souhaite une prompte guérison de l'amour le plus malheureux qu'il y ait au monde. » (1).

(1) Lettre de Juliette Drouet à Victor Hugo, publiée par L. Guimbaud — in *Victor Hugo et Juliette Drouet* — éd. 1927 — pages 370-371.

Troisièmement, reproduisons dans son intégralité la pièce III de « L'Eternel Petit Roman » que Hugo a datée aussi de 1839 dans le manuscrit de la Bibliothèque Nationale de Paris :

GARE !

On a peur, tant elle est belle !
Fut-on don Juan ou Caton,
On la redoute rebelle ;
Tendre, que deviendrait-on ?

Elle est joyeuse et céleste !
Elle vient de ce Brésil
Si doré qu'il fait du reste
De l'univers un exil.

A quatorze ans épousée,
Et veuve au bout de dix mois,
Elle a toute la rosée
De l'aurore au fond des bois.

Elle est vierge ; à peine née,
Son mari fut un vieillard ;
Dieu brisa cet hyménée
De trop tôt avec trop tard.

Apprenez qu'elle se nomme
Dona Rosita Rosa ;
Dieu, la destinant à l'homme,
Aux anges la refusa.

Elle est ignorante et libre,
Et sa candeur la défend.
Elle a tout, accent qui vibre,
Chanson triste et rire enfant,

Tout, le caquet, le silence,
Ces petits pieds familiers,
Créés pour l'invraisemblance
Des romans et des souliers;

Et cet air des jeunes Eves
Qu'on nommait jadis fripon,
Et le tourbillon des rêves
Dans les plis de son jupon.

Cet être qui nous attire,
Agnès cousine d'Hébé,
Enivrerait un satyre
Et griserait un abbé.

Devant tant de beautés pures,
Devant tant de frais rayons
La chair fait des conjectures
Et l'âme des visions.

Au temps présent l'eau saline,
La blanche écume des mers
S'appelle la mousseline ;
On voit Vénus à travers.

Le réel fait notre extase ;
Et nous serions plus épris
De voir Ninon sous la gaze
Que sous la vague Cypris.

Nous préférons la dentelle
Au flot diaphane et frais ;
Vénus n'est qu'une immortelle ;
Une femme c'est plus près.

Celle-ci vers nous conduite
Comme un ange retrouvé,
Semble à tous les cœurs la suite
De leur songe inachevé.

L'âme l'admire, enchantée
Par tout ce qu'a de charmant
La rêverie ajoutée
Au vague éblouissement.

Quel danger ! on la devine.
Un nimbe a ce front vermeil !
Belle, on la rêve divine,
Fleur, on la rêve soleil.

Elle est lumière, elle est onde.
On la contemple. On la croit
Reine et fée, et mer profonde
Pour les perles qu'on y voit.

Gare, Arthur ! gare, Clitande !
Malheur à qui se mettrait
A regarder d'un air tendre
Ce mystérieux attrait !

L'amour, où glissent les âmes,
Est un précipice ; on a
Le vertige au bord des femmes
Comme au penchant de l'Etna ;

On rit d'abord. Quel doux rire !
Un jour, dans ce jeu charmant,
On s'aperçoit qu'on respire
Un peu moins facilement.

Ces feux-là troublent la tête.
L'imprudent qui s'y chauffait
S'éveille à moitié poète
Et stupide tout à fait.

Plus de joie. On est la chose
Des tourments et des amours.
Quoique le tyran soit rose,
L'esclavage est noir toujours.

On est jaloux ; travaille rude !
On n'est plus libre et vivant,
Et l'on a l'inquiétude
D'une feuille dans le vent.

On la suit, pauvre jeune homme !
Sous prétexte qu'il faut bien
Qu'un astre ait un astronome
Et qu'une femme ait un chien.

On se pose en loup fidèle ;
On est bête, on s'en aigrit,
Tandis qu'un autre, auprès d'elle,
Aimant moins, a plus d'esprit.

Même aux bals et dans les fêtes
On souffre, fût-on vainqueur ;
Et voilà comment sont faites
Les aventures du cœur.

Cette adolescente est sombre
A cause de ses quinze ans
Et de tout ce qu'on voit d'ombre
Dans ses beaux yeux innocents.

On donnerait un empire
Pour tous ces chastes appas ;
Elle est terrible ; et le pire,
C'est qu'elle n'y pense pas.

Ces trois documents semblent faits pour se combiner entre eux.

1° La Lettre de Victor Hugo parle d'une *jeune veuve*. La Lettre de Juliette Drouet parle d'une « jeune fille », qu'elle appelle aussi « cette femme ». Les vers des *Chansons des Rues et des Bois* disent que Rosita Rosa fut « A quatorze ans épousée et *veuve* au bout de dix mois ».

2° La Lettre de Victor Hugo dit : « depuis Bâle ». Mais la lettre de Juliette Drouet parle de Strasbourg, et avec une absolue précision.

Or, dans ce voyage de 1839, le poète est passé par Strasbourg, avant d'arriver à Bâle.

Nous avons déjà cité la lettre du 27 Août 1739, dans laquelle Hugo disait « Je vais partir ». Elle a été reproduite par M. Gustave Simon dans son livre sur Mme Victor Hugo, mais sans fixer la date exacte du départ (1). Si nous examinons les lettres du voyage de 1839, nous voyons que Victor Hugo est parti par un temps pluvieux, en empruntant la roue de Coulommiers à Sézanne. Le poète nous dit : « j'ai passé deux nuits en malle-poste ». Il assure aussi : « J'ai eu, du reste, peu d'aventures ».

La Lettre par laquelle Victor Hugo nous donne ces nouvelles est datée de Strasbourg, Août (1839). C'est la première de ce voyage, qui se trouve dans le volume III du *Rhin* (2). La seconde Lettre (XXX) est datée de « Septembre » et est elle aussi de Strasbourg. Hugo y dit : « Hier

---

(1) Gustave Simon : *La Vie d'une Femme*, page 131 : « Il partait pour son grand voyage du Rhin, parcourait la Suisse et revenait par le Midi de la France à la fin d'octobre. »

(2) Victor Hugo : *Le Rhin* — 1839 — Lettre XXIX — éd. *ne varietur* — Lib. Charpentier.

j'ai visité l'église. Le Munster est véritablement une merveille. Les portails de l'église sont beaux, particulièrement le portail roman ; il y a sur la façade de très superbes figures à cheval, la rosace est noble et bien coupée, toute la face de l'église est un poëme savamment composé. Mais le véritable triomphe de cette cathédrale, c'est la flèche. C'est une vraie tiare de pierre avec sa couronne et sa croix. C'est le prodige du gigantesque et du délicat. J'ai vu Chartres, j'ai vu Anvers, il me fallait Strasbourg. L'église vue, je suis monté sur le clocher... Je suis monté jusqu'au haut des escaliers verticaux. J'ai rencontré en montant un visiteur qui descendait tout pâle et tout tremblant, à demi porté par son guide... »

Rien en toute cette lettre ne se rapporte au cas de Rosita Rosa ; on ne peut rien en détacher à cet égard. Hugo ne nous dit point si il lui aurait servi de guide pour sa visite à la cathédrale de Strasbourg, ainsi qu'il advint à Chillon ,d'après ce que nous avons vu dans le passage reproduit de sa lettre à Mme Victor Hugo. La lettre de Juliette Drouet c'est ce qui doit compléter le tableau, grâce à tous les détails qu'elle donne sur les amours du poète pendant leur séjour à Strasbourg.

Ce qui intéresse surtout dans les deux lettres citées du *Rhin*, ce sont les dates qui, placées en face de la lettre publiée par M. Gustave Simon, nous donnent à conclure que Hugo arriva dans les derniers jours d'Août à Strasbourg — sans doute le 30 ou le 31 — plutôt le 31. La demeure en cette ville dut être de cinq à six jours, puisque Victor Hugo, qui dit être arrivé à Freibourg le 6 Septembre, avait écrit un peu avant : « Il était sept heures du soir quand je quittais Strasbourg » (1). Cinq ou six jours, temps plus que suffisant pour que, selon l'expression de Juliette Drouet, le poète fixat son regard « sur cette jeune fille » (ou jeune femme) à laquelle il fit des

(1) *Idem*, page 76.

vers pour garder son souvenir, « ne pouvant emmener sa personne ».

Dans ce travail que nous faisons de confrontation des textes, il nous faut reprendre la pièce XII — *Les Bonnes intentions de Rosa* — pour la comparer avec le passage d'une des lettres de voyage laissant bien patent l'état d'esprit du poète à ce moment. Il y a un « nain fantastique » pour la lettre et une histoire avec le diable pour les vers. Nous savons que Victor Hugo a beaucoup parlé sur ce sujet, qui a déjà fourni un livre *Satan et le Satanisme dans l'Œuvre de Victor Hugo*, auteur M. Maximilien Rudwin, lequel prépare un second volume qui sera intitulé *La Démonologie de Victor Hugo* (1). Dans la Lettre XXXI (*Le Rhin*), le poète a écrit : « ... j'avais causé jusqu'à onze heures du soir avec mon compagnon de coupé, jeune homme fort modeste et fort intelligent, architecte de la ville de Haguenau ; puis, comme la route est bonne, comme les postes de M. de Bade vont fort doucement, je m'étais endormi. Donc, vers quatre heures du matin, le souffle gai et froid de l'aube entra par la vitre abaissée et me frappa au visage ; je m'éveillai à demi, ayant déjà l'impression confuse des objets réels, et conservant encore assez du sommeil et du rêve pour suivre de l'œil un petit nain fantastique vêtu d'une chape d'or, coiffé d'une perruque rouge, haut comme mon pouce, qui dansait allègrement derrière le postillon, sur la croupe du cheval porteur, faisant force contorsions bizarres, gambadant comme un saltimbanque, parodiant toutes les postures du postillon, et esquivant le fouet avec des

(1) « Les ennemis de Victor Hugo n'ont pas manqué de souligner l'élément infernal de son œuvre. Ils parlent de ses « diaboliques imaginations », de son « infernale fantasmagorie ». COURTAT, un des pamphlétaires acharnés contre Victor Hugo, croit que le poète peint avec un pinceau d'enfer. Il prédit que Victor Hugo passera à la postérité surtout avec un volume de « chefs d'œuvre sataniques », etc. Charles Farcy, un autre pamphlétaire, trouve aussi un élément satanique dans l'œuvre du poète. — in Maximilien Rudwin : *Satan et le satanisme dans l'œuvre de Victor Hugo*. — Soc. d'Ed. « Les Belles-Lettres » — Paris, 1926 — page 113.

soubresauts comiques quand par hasard il passait près de lui. De temps en temps ce nain se retournait vers moi, et il me semblait qu'il me saluait ironiquement avec de grands éclats de rire. Il y avait dans l'avant-train de la voiture un écrou mal graissé qui chantait une chanson dont le méchant petit drôle paraissait s'amuser beaucoup. Par moments, ses espiègleries et ses insolences me mettaient presque en colère, et j'étais tenté d'avertir le postillon. Quand il y eut plus de jour dans l'air et moins de sommeil dans ma tête, je reconnus que ce nain sautant dans sa chape d'or était un petit bouton de cuivre à houpe écarlate vissé dans la croupière du cheval. Tous les mouvements du cheval se communiquaient à la croupière en s'exagérant, et faisaient prendre au bouton de cuivre mille folles attitudes. — Je me réveillai tout à fait. »

Dans la pièce XIII — *Les Bonnes Intentions de Rosa* — Hugo dit :

Ce bonhomme avait les yeux mornes
Et sur son front chargé d'ennui,
L'incorrection de deux cornes,
Tout à fait visibles chez lui.

Ses vagues prunelles bourrues
Reflétaient dans leur blême éclair
Le sombre dédale des rues
De la grande ville d'enfer.

Son pied fourchu crevait ses chausses ;
Hors du gouffre il prenait le frais ;
Ses dents, certes, n'étaient point fausses,
Mais ses regards n'étaient pas vrais.

Il venait sur terre, vorace.
Dans ses mains, aux ongles de fer,
Il tenait un permis de chasse
Signé Dieu, plus bas Lucifer.

C'était Belzebuth, très bon diable.
Je le reconnus sur-le-champ.
Sa grimace irrémédiable
Lui donnait l'air d'un dieu méchant.

Un même destin, qui nous pèse,
Semble tous deux nous châtier,
Car dans l'amour, je suis à l'aise
Comme lui dans un bénitier.

L'amour, — jaloux, ne vous déplaise, —
Est un doux gazon d'oasis
Fort ressemblant à de la braise
Sur laquelle on serait assis.

Une femme ! l'exquise chose !
Je redeviens un écolier ;
Je décline Rosa la rose ;
Je suis amoureux à lier.

Or le diable est une rencontre ;
Et j'en suis toujours réjoui.
De tous les Pour il est le Contre ;
Il est le Non de tous les Oui.

Le diable est diseur de proverbes.
Il songeait. Son pied mal botté
Ecrasait dans les hautes herbes
La forêt de fleurs de l'été.

L'un près de l'autre nous passâmes.
— Ça, pensai-je, il est du métier —
Le diable se connaît en femmes,
En qualité de bijoutier.

Je m'approchai de son altesse,
Le chapeau bas ; ce carnassier,
Calme, me fit politesse
D'un sourire hostile et princier.

Je lui dis : — Que pensez-vous d'elle ?
Contez-moi ce que vous savez.
— Son désir de t'être fidèle,
Dit-il, est un de mes pavés.

La lettre porte date du 6 septembre 1839. Les vers, dans le manuscrit de la Bibliothèque Nationale de Paris, sont datés du 8 Septembre 1839 (1). Mieux vaut encore : Dans la « Lettre XXXV » du *Rhin*, voyage de Bâle à

---

(1) Nous ne négligerons pas de noter qu'une pièce du manuscrit de la Bibliothèque Nationale de Paris, datée *sans l'année* et simplement du jour et du mois « 12 août » — la pièce XIX ,intitulée *Réponse à l'Esprit des Bois* — contient des expressions semblables à celles de la lettre du 6 septembre 1839. Comme nous l'avons vu, Victor Hugo dans sa lettre parle d'un « nain fantastique » et ajoute : « De temps en temps se retournait vers moi, et il semblait qu'il me saluait ironiquement avec de grands éclats de rire ». Dans sa lettre Hugo écrit aussi : « méchant *petit drôle* », exactement comme il disait au 3e vers du 9e quatrain de la pièce XIX de *L'Eternel Petit Roman* : « vieux *petit drôle* ». Cette pièce commence sur ces vers :

NAIN *qui me railles,*
Gnome aperçu
Dans les broussailles,
Ailé, Bossu : —
. . . .
Ce mont, le Pinde,
Est sur ton dos......

Constant de Tours disait déjà à la page 13 du *Siècle de Victor Hugo raconté par son œuvre* : « Au collège des Nobles (en Espagne) les élèves avaient pour serviteur un « NAIN BOSSU, à figure écarlate, à cheveux tors, en veste de laine rouge. On reconnaît Quasimodo, Han d'Islande, Gucho ».

Zurich, parlant de son passage par Baden — Hugo décrivait en cette dernière ville « une charmante fontaine de la Renaissance », de laquelle il disait : « L'eau jaillit par la *gueule d'une effrayante Cuivre de Bronze*, etc. (1).

Les vers *Les Bonnes Intentions de Rosa* sont de Bade, 8 Septembre 1839. Il vient de Bâle, d'où il est parti le 8 Septembre 1839, à 5 heures du matin, à destination de Zurich, où il est arrivé le lendemain, à la nuit. Notons bien que Victor Hugo vient de Bâle, pour passer par *Baden*, et que, « depuis Bâle » il a déjà informé Madame Victor Hugo de sa rencontre avec la « jeune veuve agréable. »

On voit que l'image du nain, comme l'image du diable, s'imposèrent toujours à l'imagination et aux pensées de Victor Hugo.

De plus : Dans sa lettre, Hugo dit « *Qui dansait*, etc. ». Et dans la pièce XIX il a écrit : » Reprends *ta danse* » (1er vers du 10e quatrain). Ce sont là des points qui se rapprochent sensiblement.

Le poète peut avoir pensé et écrit en septembre et antidaté d'août, en vue de relier les vers au souvenir de la jeune femme de Strasbourg dont nous a parlé Juliette Drouet. Comme nous l'avons vu, la lettre en question est datée du 6 septembre, précisément à l'époque du retour de Hugo de Strasbourg, où il était resté pendant quelques jours du mois d'août.

(1) Dans celle du *Rhin*, Victor Hugo disait : « Comme je voulais arriver à Zurich avant la nuit, je me suis contenté (à Baden) de regarder sur la place, *pendant qu'on changeait les chevaux*, etc. » — Dans une lettre datée de Cannes, 8 octobre (1839) — *vide* Victor Hugo, *Correspondance* — « Lettres aux Enfants » — le poète écrivait : « Voici quatre dessins... à mon Toto une vue d'un faubourg de Bâle, prise de la place de la Cathédrale, et à ma Dédé *quelques jolies maisons de Baden* avec la porte de la ville ». On voit par là que Hugo trouva même le temps de dessiner à Baden...

III

La lettre du poète à Mme Victor Hugo disait que la « jeune veuve agréable » était suisse, alors qu'au sujet de Rosita Rosa il écrivait dans son manuscrit de la Bibliothèque Nationale de Paris : ELLE EST NÉE dans ce Brésil » mots qu'il a rayés ensuite et auxquels il a substitué ceci, qui est imprimé dans le volume des *Chansons des Rues et des Bois* : « ELLE VIENT de ce Brésil » (1).

Mais, dans la même lettre où Hugo relate sa rencontre avec la « famille suisse », il raconte que le frère de la « jeune veuve agréable » était un « brave étudiant enthousiaste ». Victor Hugo n'était point homme à s'étonner pour peu de chose en matière d'enthousiasme, et nous pensons que ce serait un cas assez rare que de rencontrer parmi les Suisses, qui sont très froids par nature, un des leurs susceptible de manifester une telle chaleur. Ces qualificatifs « brave » et « enthousiaste » doivent aller de préférence à...

.... ce Brésil
Si doré qu'il fait du reste
De l'univers un exil.

Et n'est-ce pas encore Victor Hugo qui nous dit de Rosita Rosa :

Elle a tout, ACCENT QUI VIBRE... ? (2)

---

(1) Tout de suite après Victor Hugo raye « si charmante » qu'il remplace par « si doré ». — Le poète, dans ces deux cas, n'a apparemment cherché qu'à faire son vers plus harmonieux.

(2) Pièce III — *Gare !* — 6e quatrain, 3e vers.

ce qui semble bien être en rapport de race avec cette caractéristique d' « enthousiasme » qu'a admirée le poète dans le frère de la « jeune veuve agréable ».

Cette comparaison des deux textes paraît bien toujours devoir renforcer les possibilités de notre hypothèse que le « petit roman » de Victor Hugo ait débuté en 1839. Et nous trouvons encore dans ce quatrain de Hugo une allusion curieuse. Le poète écrit sur son différend avec Rosita Rosa :

> *Tu serais marmotte ou* L'UN DES QUARANTE
> *Que tu ne pourrais dormir mieux que ça*
> *Pendant que Rosa sourit à Mérante,*
> *Pendant que Mérante embrasse Rosa* (1).

Le trait mordant du premier vers de ce quatrain doit refléter exactement l'état d'esprit du poète, à ce moment de son échec de l'Académie Française.

Cette pièce, dans le manuscrit de la Bibliothèque Nationale de Paris, est uniquement datée du jour et du mois, « 12 Août », et ne porte pas l'année. Mais si nous admettons que le « petit roman » est parti de l'année 1839 pour se prolonger l'année suivante, nous rencontrerons Victor Hugo en 1840 dans un moment propre à justifier l'ironie du poète. Dès sa rentrée à Paris, au retour de son voyage au cours duquel il avait rencontré *la jeune femme* de Strasbourg (lettre de Juliette Drouet) et la *jeune veuve* de la famille suisse » (lettre à Mme Hugo) — Victor Hugo posa sa candidature au fauteuil de Michaud (2).

Encore qu'il ait, — dit Tristan Legay (3), — prétendu qu'il n'approuvait pas l'idée d'une protestation des grands noms de la littérature, parce qu'il « ne désespérait point du succès de sa cause et *ne voulait pas la compromettre* ». — Nous savons d'ailleurs combien Victor Hugo

(1) Pièce XVIII — *Dénonciation de l'Esprit des Bois* — dernier quatrain.

(2) v. TRISTAN LEGEAY : *Victor Hugo jugé par son siècle* — éd. La Plume, Paris, 1902 — Victor Hugo et l'Académie, III — pages 279 et suivantes.

(3) *Ouv. cit.* page 305.

s'intéressait à cette élection, au point que Juliette Drouet disait, en 1839 : « Toto court après l'Académie à en perdre ses guêtres » (1). — Nous pensons également que ces vers sur Rosita Rosa n'étaient point pour être publiés, ce qui permettrait au poète de donner expansion à sa causticité... dans l'intimité. Cela rime et cela pourrait bien être vrai. Et cette vérité nous fournirait un point de repère propre à nous rapprocher des dates exactes qui virent se dérouler les épisodes du « petit roman » de Victor Hugo.

Pour nous fixer quant à sa durée plus ou moins prolongée, il nous semble que ne nous suffira point la découverte d'allusions à des lieux et à des saisons de l'année que révèlent les textes imprimés eux-mêmes. Aussi, la quantité des pièces et la variété des dates sur le manuscrit, indique pour quelques-unes l'année, alors que pour d'autres encore il néglige tout à fait de la mentionner, tout cela nous semble indiquer le prolongement d'une année sur l'autre. Que si nous n'admettions point une durée telle, nous ne saurions accepter les promenades de ce « petit roman » à travers la *Fuite en Sologne*, Domrémy et Vaucouleurs, qui sont les seuls noms cités par Victor Hugo *dans le texte* de ses vers à Rosita Rosa.

Pour bien dire, si nous suivions ces traces, nous ne manquerions pas de recueillir une abondante démonstration à l'appui de ce que les manuscrits de la Bibliothèque Nationale de Paris nous ont fourni ,à travers dates et références à d'autres lieux que ceux-là et sur lesquels nous avons dû nous baser pour une élucidation approximative.

Pour la Sologne, le poète ne l'a pas nommée, dans le texte imprimé, moins de trois fois :

— 1° Dans la pièce II — *Fuite en Sologne* — 2e partie — 8e quatrain, 3e et 4e vers :

Les étangs de Sologne
Sont de pâles miroirs.

---

(1) V. L. Guimbaud : *Victor Hugo et Madame Biard*, page 98

— 2° Dans la pièce X — *Confiance* — 7e quatrain :

J'ai la foi. Mon esprit facile
Dès le premier jour constata
Dans la Sologne, une Sicile,
Une Aréthuse en Rosita.

— 3° Dans la pièce XVII — *A Un Visiteur Parisien* — 13e quatrain, premier vers :

Je l'ai suivie en Sologne...

Dans cette dernière pièce ,ainsi que nous l'avons vu, le poète a apposé une date mystérieuse, « 182... », qui est bien antérieure à ses voyages à travers Heidelberg, Carlsruhe et Bade, mais qui concorderait avec l'époque où Victor Hugo séjourna réellement en Sologne.

C'est le 12 décembre 1823 que le général Hugo acheta en Sologne la propriété appelée la *Miltière* (1). Et nous savons que Victor Hugo y alla en 1825. Dans le volume de la *Correspondance* (1815-1835) se trouvent des lettres du poète datées de Blois et de *La Miltière*, en Sologne. Le 27 Avril 1825, Victor Hugo disait à J.-B. Soulié : « au moment où je viens à Blois me faire ermite ». Le lendemain, datant une autre lettre : « Blois 28 Avril 1825 », il dit à Alfred de Vigny : « Je suis encore ici pour trois semaines. » Le 12 Mai 1825, c'est encore de la Sologne que Victor Hugo dit : « Paul a dû recevoir aujourd'hui une lettre de moi, *la première* que j'ai écrite de *La Miltière* » (2). Et le 7 Mai, le poète écrivait, à Adolphe de Saint-Valery : « Je serai à Paris vers le 20 » (3).

---

(1) Louis BELTON : *Victor Hugo et son père, le général Hugo, à Blois* — Typ. et Lith. C. Migault et Cie. — Blois, 1902 ; — *Mémoires de la Société des Sciences et Lettres du Loir-et-Cher*, pages 9 à 85 ; — Pierre DUFAY : *Victor Hugo à Vingt Ans.*

(2) VICTOR HUGO : *Correspondance* — 1815-1835 — éd. Calman Levy, Paris 1896 — page 224.

(3) *Idem*, page 49.

En 1828, à la mort du général Hugo, fin Janvier, on fit l'inventaire et la vente de ses biens, parmi lesquels figurait encore la propriété de Sologne. Mais ce ne fût point sans quelque difficulté que les héritiers réussirent à liquider cette vente, puisque le 18 Décembre 1829, — deux ans presque après la mort de son père — Victor Hugo disait à Adolphe de Saint-Valery : « nos sables de Sologne (la Miltière) à vendre depuis vingt-trois mois (1).

Cette période de six années, entre 1823 et 1829, se trouve distante d'au moins dix ans des voyages de Hugo à Heidelberg, Carlsruhe et Bade. Pourtant, sur le texte imprimé des *Chansons des Rues et des Bois*, il ne fait aucun doute que c'est pour Rosita Rosa que Hugo parle de la Sologne, de même précisément que vont à Rosita les pièces marquées sur le manuscrit aux noms des villes et aux dates de ses voyages de 1838 ou de 1839. Relisons dans le texte imprimé la pièce X et ce 7° quatrain où le poète identifie le nom de Rosita avec celui de Sologne ; relisons également les deux autres citations que nous venons de voir avec référence au lieu dont il est question aux pièces II et XVII. C'est une Sologne affirmée et réaffirmée. — Voyons dans le manuscrit de la Bibliothèque Nationale de Paris la pièce qui porte cette note de la main de Victor Hugo : « écrit de Heidelberg à Carlsruhe » et qui a pour titre — *A propos de Dona Rosa.* — Voyons encore sur ce manuscrit la pièce datée de « Bade », et qui a pour titre — *Les Bonnes Intentions de Rosa.* — Et en tous ces cas nous conclurons évidemment qu'il s'agit d'une seule et même femme, sans rencontrer toutefois de preuve certaine que les fugues en Sologne aient pu avoir lieu après 1829, non plus que les voyages en Allemagne soient antérieurs à 1838.

Aussi bien, quant aux opinions de Victor Hugo au sujet de la Sologne, constatons-nous une sensible différence

(1) *Id.*, page 87.

entre ce qu'il disait à son père en une lettre datée du 19 Juin 1825 et ce qu'il a mis dans les vers à Rosita Rosa. Comparons :

Lettre de Victor Hugo en 1825	Fuite en Sologne
« Je regrette que tu y sois toi-même en ce moment ; les chaleurs excessives, la solitude et le dénuement de la Militière me font trembler pour ta chère santé ; il me semble que tu aurais dû retarder ce voyage, quelque important qu'il pût être, et ne pas t'aventurer seul dans cette saison au milieu des déserts de la Sologne. Tu sais comme moi combien les pays humides et sablonneux exhalent de miasmes morbifiques dans les grandes chaleurs, et mon Adèle te reproche tendrement de nous donner l'inquiétude de te savoir là-bas. » (*Correspondance*, éd. et vol. cités — p. 207.)	*J'ai fui ; viens. C'est dans [l'ombre* *Que nous nous réchauffons.* *J'habite un pays sombre* *Plein de rêves profonds.* . . . . *Cette bruyère est douce ;* *Ici le ciel est bleu,* *L'homme vit, le blé pousse* *Dans la bonté de Dieu.* *J'habite sous les chênes* *Frémissants et calmants ;* *L'air est tiède, et les plaines* *Sont des rayonnements.* . . . . *Le matin, je sommeille* *Confusément encor,* *L'aube arrive vermeille* *Dans une gloire d'or.* . . . . *Viens, l'étang solitaire* *Est un poème aussi.* . . . . (*Chanson des Rues et des Bois* — L'Eternel Petit Roman.)

La lettre est datée des premiers jours de l'été et dit bien du mal de la Sologne en cette saison. Les vers, dans le manuscrit de la Bibliothèque Nationale de Paris, ont été datés du 19 Août, en pleine période estivale, et ils ne disent toujours que de séduisantes choses de cette même Sologne, pendant les chaleurs.

IV

Dans son livre *Victor Hugo et Madame Biard* — M. Louis Guimbaud se référant aux amours de Juliette Drouet, déclare que, en 1840, « dans le cœur de Victor Hugo le déclin se produisit ». Aux pages 57 et 58 du même ouvrage cet auteur dit encore : « Au cours des années 1840-1841-1842 et 1843, nous en trouvons les preuves suivantes : *Ses visites à Juliette deviennent plus rapides et plus rares*, tellement rares que la jeune femme entre parfois en colère, maudit le sort et menace de s'évader, etc. »

Prenant les faits de la vie de Mme Biard pour les comparer avec le texte de « L'Eternel Petit Roman » des *Chansons des Rues et des Bois*, nous remarquons les coïncidences qui suivent :

— 1° Rosita Rosa — « A quatorze ans épousée » (1); Mme Biard « devenue à 18 ans (en 1838) la compagne du quadragénaire Auguste Biard (2). De Rosita Rosa, Victor Hugo a dit :

Son mari fut un vieillard ;
Dieu brisa cet hyménée
De Trop tôt avec Trop tard.

Mais ce n'était point à Hugo de s'étonner autant que cela de l'âge du peintre Biard, vu que le poète avait seulement deux ans de moins que lui.

(1) Pièce III — *Gare !* — 1er vers du 3e quatrain.

(2) L. Guimbaud — *Victor Hugo et Madame Biard* — page 13. « Le 9 juillet 1840, Biard épousa sa jeune amie. » *Idem*, page 61.

— 2° Rosita Rosa, « veuve au bout de dix mois » (1), devait encore porter le deuil quand Hugo la connut, puisqu'il dit :

> *Cette adolescente est sombre*
> *A cause de ses quinze ans* (2).

Mariée à quatorze ans et veuve dix mois après, à quinze ans Rosita Rosa devait avoir à peine deux mois de deuil. Faisons un calcul plus large et admettons que quelques mois avaient passé, en comptant ses quinze ans sur le chemin des seize. Or, même ainsi, le deuil continue pour justifier les vers dans lesquels Hugo parle des *voiles* de Rosita Rosa :

> *Elle ! à travers ses longs voiles...* (3)

---

(1) Pièce III — *Gare !* — 2e vers du 3e quatrain.

(2) Pièce III — 27e quatrain, 1er et 2e vers.

(3) Pièce XXI — L'Oubli — 1er vers du 34e quatrain. *Dans Théâtre en Liberté* sous le titre « Sur la Lisière d'un Bois », Victor Hugo raconte l'histoire de Léo, Léa et Un Satyre. Hugo y rappelle Rosa et Mérante. Ce sont des vers datés de Hauteville House, d'où, huit années auparavant, était sortie aussi la préface des *Chansons des Rues et des Bois.*

Nous avons vu dans « L'Eternel Petit Roman » combien de fois le poète fait allusion aux bois. Et dans cette pièce « Sur la Lisière d'un Bois », Hugo parle également de voiles...

> *Tiens* TON VOILE *baissé, Léa. Je te respecte.*
> *Ne crains rien de moi...*

Il répète encore :

> *Cache ta beauté, viens, et, si je m'échappais*
> *Jusqu'à regarder, fais* LE VOILE *plus épais.*

Curieux est aussi ce vers de « Sur la Lisière d'un Bois » :

> *Tu sembles* une rose *ouverte dans les* flammes.

Dans la pièce « A propos de Dona Rosa », des *Chansons des Rues et des Bois*, Hugo avait écrit :

> *Toutes les* roses *sont en* flammes...

Mais tout ceci peut n'être que simple coïncidence.

En 1841, Léonie Biard devait également être en deuil de son grand-père maternel (1). Mais était-ce un deuil avec voiles ? L'expression « *ses* longs voiles » semble caractériser autre chose qu'un voile ordinaire, et implicitement indiquer des voiles de deuil.

— 3° Rosita Rosa avait les pieds très petits, ce qui est une caractéristique des Brésiliennes. Plus d'une fois Victor Hugo les célèbre...

Ces petits pieds familiers
Créés pour l'invraisemblance
Des romans et des souliers (2).

Dans le manuscrit de la Bibliothèque Nationale de Paris, au premier vers du 4e quatrain où on lit « Elle est joyeuse et céleste ! » il y avait un autre texte de ce vers, qui a été rayé, et où le poète disait : « Quel *petit pied* vif, etc. » Et dans la pièce XVII — *A Un Visiteur Parisien* — Victor Hugo dit encore au 4e quatrain :

Je l'ai nommée Euryanthe.
J'en perds l'âme et l'appétit.
Circonstance atténuante :
Elle a le pied très petit.

De Mme Biard il est dit « la finesse de ses pieds », et qu'elle avait les « pieds comme des biscuits à la cuiller ».

— 4° Rosita Rosa, dans la pièce XXI de « L'Eternel Petit Roman » s'appelle « la belle aux cheveux d'or ».

Mme Biard aussi était blonde.

---

(1) L. Guimbaud : *ouvr. cit.* page 12 : « Son grand père maternel, le comte Henri d'Orémieulx, qui fut officier aux gardes du corps en 1700 et mourut en 1841 ».

(2) Pièce III — *Gare !* — 7e quatrain.

— 5° Les yeux de Rosita Rosa, ainsi que nous l'avons vu, ont été chantés par Victor Hugo :

— Dans *Sommation Irrespectueuse* : « ... prunelles très vives »;

— Dans *Roman* : « ... son regard est charmant »;

— Dans *C'est parce qu'elle se taisait :*

Son ciel était mystérieux
Il contient cet œil de colombe,
Le même infini que les cieux
La même aurore que la tombe.

Pour les yeux de Madame Biard, Victor Hugo proclame qu'ils étaient des diamants. Mais Victor Hugo seul a connu Mme Biard vers le milieu de l'année 1841 (1). Et c'est M. L. Guimbaud qui affirme : « Un second ordre de faits montre qu'à partir de 1840 environ, un changement s'est introduit dans le cœur et l'esprit du poète. Ce sont les faits de coquetterie. » (2) Ainsi doit-on conclure à l'existence d'un autre amour de Victor Hugo, antérieur à celui de Mme Biard. — Est-ce la *jeune fille* de Strasbourg, en 1839 ? — Est-ce la *jeune veuve adorable*, également du voyage de 1839 ? — Est-ce celle de qui Juliette Drouet dit à Victor Hugo, dans une lettre datée du 1er Juin 1840 : « Cette femme et son insistance m'ennuient et m'irritent plus que je ne puis dire ; quand je sens l'amour dévoué et sans bornes que j'ai pour toi, je suis indignée jusque dans le fond de mon âme que de

(1) « Au printemps de 1841, près du village de Samois, au lieu dit « les Plâtreries », en bordure de la Seine, et à quelques toises du pont Valvins, les Biard louèrent une maison. » (v. L. Guimbaud : *Victor Hugo et Madame Biard*, page 66) — « C'est à ce moment que Victor Hugo vint à la Madeleine auprès de Fortunée Hamelin. En l'honneur des « hussards noirs », la bonne dame présenta le poète chez le peintre. Elle était charitable aux amours d'autrui. Il ne lui déplaisait ni de les voir naître, ni d'en surveiller les cheminements et les intrigues, ni d'en prévoir les péripéties. Elle connut que Madame Biard ne déplaisait pas à Victor Hugo et que le grand poète avait troublé la jeune femme. Elle renouvela les invitations en commun. La partie fut liée et se poursuivit à Paris durant l'hiver. » (*Idem*, page 74.)

(2) *Idem*, page 59.

misérables coureuses osent jeter leur sales envies sur un amour qui fait le culte et l'adoration de toute ma vie. Si je m'écoutais, je ferais un exemple terrible de cette gourgandine et de son immonde caprice, et nulle, d'ici à longtemps, n'oserait tenter votre conquête. Je souffre depuis ce matin, je me trouve laide, vieille, bête et déguenillée, tout cela parce que je tremble pour mon amour, parce que j'ai peur pour mon pauvre petit morceau de bonheur... J'espérais qu'une fois ton monde installé à la campagne, tu me ferais sortir quelque fois avec toi. Mais c'est tout le contraire, *depuis un mois je suis sortie une seule fois avec toi*, je ne compte pas les deux soirées du spectacle où je vais et d'où je reviens en voiture, ce serait une cruelle et mauvaise plaisanterie que de me les compter comme *sorties*. Je souffre, le sang se porte à ma tête et au cœur, mais cela t'importe peu » (1).

Il est bon de ne point perdre de vue que, dans le livre où sont ces lignes, la lettre qui la précède est exactement celle datée du 22 Mars 1840, dans laquelle Juliette Drouet parlait avec un désespoir semblable du cas de Strasbourg. Entre l'une et l'autre lettre, il s'est écoulé seulement soixante-dix jours, intervalle insignifiant pour séparer cette « jeune fille » de Strasbourg, que Juliette Drouet appelait « cette femme » de la personne dont elle dit, dans la lettre suivante : « cette femme *et son insistance* ».

Nous le savons, il ne faut point être trop regardants quant à la multiplicité des amours du grand poète (2), nous savons que ce fut précisément cela qui faisait déjà

(1) L. Guimbaud : *Victor Hugo et Juliette Drouet*, pages 371-372.

(2) Datés de 1839 on trouve ces vers écrits aussi pour une *jeune fille*, laquelle était une... danseuse. Ils n'ont pas de titre et sont seulement numérotés — VII dans la VIIe partie de *Toute la Lyre*.

Danseuse, écoute-moi. Le Dieu du Firmament
Qui créa l'aube pure et fit ton front charmant,
A tout ce qui contient le bonheur, jeune fille,
Attache de sa main quelque chose qui brille
D'un éclat à la fois chimérique et réel,
La paillette à la jupe et l'étoile à son ciel.

dire à Honoré de Balzac, le 3 Juillet 1840, dans ses *Lettres à l'Etrangère* : « Victor Hugo a beaucoup perdu de ses qualités, de sa force, de sa valeur, par la vie qu'il a menée. *Il a considérablement aimé.* » Mais il est bien possible que ces *jeunes femmes* et ces *jeunes veuves* qui s'agitent en ces épisodes rapprochés, en 1839 et 1840, de la vie de Victor Hugo, finissent toutes par être une seule et même personne, celle de « L'Eternel Petit Roman » des *Chansons des Rues et des Bois*, à laquelle le poète n'a pas dédié moins de vingt et une pièces, formées de deux cent quatre-vingt-treize vers.

Wellington Wack, au dernier chapitre de son livre sur *Le Roman de Juliette et de Victor Hugo*, s'occupe d'une ou... de deux *jeunes filles* du nom de Claire et qui figurent dans les complications du grand poète. Il s'agit de la reproduction de deux lettres, l'une datée du 19 octobre 1850, et l'autre du 22 novembre 1851, toutes les deux sous la signature *Claire*. La première de ces missives dit : « Je vais à vous comme à mon poète bien-aimé à qui je crois comme en Dieu, quoi qu'on en dise ; si vous m'aimez un peu seulement vous n'abuserez pas de l'entière confiance *d'une enfant de dix-sept ans*, etc. » Un an après elle écrivait encore : « Vous me disiez, mon poète, que, quand vous étiez avec moi, vous perdiez la mémoire... » Wellington Wack insère cette note : « Claire est morte en 1846. Note de M. Koch. Donc ou bien la lettre n'est pas de Claire, ce qui est plus probable, ou elle n'est pas de 1850. »

Trois mois après la date de la seconde de ces lettres, Victor Hugo complétait ses cinquante ans ! Mais il devait raisonner comme il écrivait dans le *Post-Scriptum de ma Vie* (page 168) : « Chose étrange, après dix-huit siècles de progrès, la liberté de l'esprit est proclamée ; la liberté du cœur ne l'est pas. Pourtant aimer n'est pas un moins grand droit de l'homme que penser. L'adultère n'est autre chose qu'une hérésie. Si la liberté de conscience a droit d'exister, c'est en amour. »

Dans les *Contemplations*, pièce IX, le poète nous parle d'une jeune fille de dix-sept ans dont il dit : « Don Juan te voit passer et murmure : Impossible ! »

Dans *Feuilles d'Automne*, la pièce XXVI, datée février 18... » est aussi pour une jeune fille — Aline.

V

Dans le manuscrit des *Contemplations*, Thérèse (de *La Fête chez Thérèse*) s'appelait en premier lieu Laura (1). Laura ou Thérèse, c'était Mme Biard. On est en droit dès lors de se demander si Rosita Rosa ne serait pas un pseudonyme. Mais sur le manuscrit des *Chansons des Rues et des Bois*, que nous avons soigneusement examiné à la Bibliothèque Nationale de Paris, nous n'avons pas trouvé une seule fois remplacé, effacé ou raturé, le nom tel qu'il se présente dans le texte imprimé :

— 1° Dans la pièce III, 5e quatrain, 2e vers : Rosita Rosa ;

— 2° Au titre de la pièce IV : Rosita ;

— 3° Au titre de la pièce V : Rosita ;

— 4° Dans la pièce X, 7e quatrain, 4e vers : Rosita ;

— 5° Au titre de la pièce XII : Rosa ;

— 6° Au titre de la pièce XIII : Rosa ;

— 7° Dans la pièce XIII, 8e quatrain, 3e vers : Rosa ;

— 8° Au titre de la pièce XIV : Rosa ;

---

(1) L. GUIMBAUD : *Victor Hugo et Madame Biard*, page 75 — « Le prénom de Thérèse substitué à celui de Laura était pour ainsi dire, dans l'air que respiraient et que respireront Madame Biard et Victor Hugo. C'était un des prénoms du peintre. Madame Biard signera plus tard quelques articles : *Thérèse de Blaru* ». *Idem*.

— 9° Dans la pièce XVIII, 1er quatrain, 2e vers : Rosa ;

— 10° Dans la pièce XVIII, 7e quatrain, 3e vers : Rosa;

— 11° Dans la pièce XVIII, 7e quatrain, 4e vers : Rosa;

Rosita et Rosa sont un seul et même nom, l'un diminutif de l'autre ; et si l'on veut s'expliquer la coïncidence du rapprochement de ces deux mots, il faut peut-être se rappeler que Victor Hugo, dans la pièce XIII, 8e quatrain, a écrit ce vers :

Je décline Rosa la rose.

Rosita, encore que ce soit un petit nom espagnol, est très commun au Brésil, surtout dans les régions du sud qui confinent aux pays de langue espagnole. Rosa, comme nom de famille existe aussi dans le Rio-Grande du Sud (Brésil), et appartient à plus d'une famille de cet Etat (1), où la langue portugaise est constamment émaillée d'expressions castillanes.

Le mot *Dona*, que Victor Hugo se plaît à répéter, existe aussi dans la langue portugaise : il signifie Madame (2).

Et comme un écho des *Chansons des Rues et des Bois*, nous rencontrerons encore dans *Toute la Lyre* la pièce intitulée « Mauvaises Langues », où à l'avant-dernier quatrain, le poète dit :

---

(1) En d'autres parties du Brésil le mot Rosa est également connu comme nom de famille. Un homme politique et poète du temps de la monrachie s'appelait Francisco Octaviano de Almeida Rosa. De nos jours, un publiciste de Rio-de-Janeiro s'appelle Gama Rosa. A Pernambuco existe la famille Rosa. Et pour rappeler l'origine portugaise de ce nom de famille, citons les deux grands acteurs Augusto Rosa et Joao Rosa.

(2) Il convient aussi de noter que Victor Hugo appelle « Dona Sol » un de ses personnages espagnols. Mais c'est en portugais que *Dona* est le plus usuel. Les Espagnols disent habituellement *Senor Don*, au masculin ; pour le féminin ils emploient seulement *Senora*.

Cachez-vous, ROSA. Fuyez vite
Loin du bavardage acharné.
L'amourette qu'on ébruite
Est un rosier déraciné.

*
* *

Constatons d'ailleurs qu'à différentes époques, Victor Hugo s'est montré sympathique au prénom de Rose. Dans *Marion Delorme*, écrit du 1er au 24 Juin 1829 (1), le poète appelait un des personnages « Dame Rose ». Plus avant encore, dans *Cromwell*, il y a une chanson contre une Rose frivole. Mais le cas le plus curieux, c'est celui de *Torquemada*, dont le texte imprimé présente quatre-vingt-treize fois *Rose* et cinq fois *Rosa* avec A. Nous ne pouvions dans ces conditions négliger d'examiner le manuscrit de *Torquemada* et voici ce que nous y avons constaté :

— A la page numérotée à l'encre rouge — N° 35 : cinq fois Hugo écrivit « Dona Rosa » avec A, et corrigea par « Dona Rose » avec E. Ceci après avoir rempli trente-quatre pages, au long desquelles Rose est toujours avec E.

— A la page suivante, N° 36 — le manuscrit porte, dans le titre qui indique les personnages, une fois *Rosa*, corrigée par Rose. A la fin d'un vers, sans qu'il y eût imposition de rime, le manuscrit conserve encore, page 36, de nouveau *Rosa* avec A.

— Page 37, Victor Hugo a écrit différentes fois *Rosa*, qu'il a remplacé par *Rose*. A la fin de cette même page,

(1) L'année 1829 est celle au cours de laquelle fut vendue la propriété de Sologne, qui appartenait au général Hugo, comme nous l'avons déjà vu. Ce fait pourrait reporter notre pensée à tout ce qui se dit de Rosita Rosa et de la Sologne dans *Chansons des Rues et des Bois*. Mais nous n'avons rien rencontré de plus pour une conjecture quelconque.

le poète a intercalé un *Rosa* avec A, maintenu sans correction, la dernière fois qu'y parle « Dona Rose ».

— Page 38, le manuscrit de *Torquemada* contient encore un *Rosa* avec A, fort clairement écrit et qui n'a pas été, non plus, corrigé. Mais celui-là doit avoir échappé à la correction du poète, car sa plume a fait au cours de la même page diverses substitutions de Rose à Rosa.

En comparant le texte de *Torquemada* et celui du « petit roman » des *Chansons des Rues et des Bois,* nous trouvons cette coïncidence que l'histoire du premier se passe dans un couvent, alors que dans le second, la Pièce XV a pour titre — Dans les Ruines d'une Abbaye.

Dans *Torquemada*, Don Sanche dit :

On était en avril, moi je cueillais des roses... (1)

Et le même printemps d'avril se répète dès les premiers vers de *Dans les Ruines d'une Abbaye,* quand Hugo dit :

Comme on cueille le printemps
Que Dieu sème ! (2)

Cela nous ramène au vers que nous trouvons extravagant pour ce « petit roman » de Rosita Rosa, et qui se trouve précisément dans cette pièce — *Dans les Ruines d'une Abbaye* — où Hugo disait :

On est tout frais mariés.

Comme il s'agit là d'une des rares pièces qui ne portent aucune date sur le manuscrit de la Bibliothèque Nationale

---

(1) Acte IV

(2) Dans d'autres pièces de « L'Eternel Petit Roman » des *Chansons des Rues et des Bois,* le poète a parlé plus d'une fois du printemps : dans « A propos de Dona Rosa » : — *Au Printemps,* quand les nuits sont claires ; dans « A Rosita » : — le *printemps* en est triste, vois...

de Paris, il serait curieux de penser que *Torquemada* fut *commencé* en 1856, à Guernesey, près de Juliette Drouet, — et que ce sont, aux dires de M. Louis Barthou dans *Les Amours d'un Poète,* les dialogues de Sanche et de Rose qui ont conduit Madame Drouet à croire « à une inspiration qui procédait si visiblement des *Lettres à la Fiancée* ».

*
* *

Torquemada, ainsi que les *Chansons des Rues et des Bois,* sont deux œuvres issues de Guernesey. La première y fut écrite en 1856, et la seconde y eut sa préface datée de « Hauteville-House, 1865 » (1).

Il est curieux de constater qu'aussitôt après les *Chansons des Rues et des Bois,* où Victor Hugo parlait du Brésil à propos de Rosita Rosa, les livres qui leur succèdent contiennent toujours une allusion à ce pays.

Ainsi :

— dans *Les Travailleurs de la Mer,* publié en 1866, Hugo écrit en portugais « macaco bravo » et « macaco barbado ». Il fait allusion là à une légende brésilienne et cite « le fleuve Arinos affluent du Tocatins, dans les forêts vierges de Diamantina » (2). Une telle précision ne saurait manquer d'étonner, étant donné qu'en 1839, en une

---

(1) Mme Victor Hugo écrivait à son mari le 19 avril 1866 : « Je suis allé hier à Gand avec Charles ; les crieurs de journaux offraient aux voyageurs le journal *Le Soleil,* où se trouvait le beau roman de Victor Hugo ; même réclame à Gand. Le Millaud est étonnant ; c'est la grosse caisse de la publicité. La vente du livre, nous dit LACROIX, va très bien. Il lui faudra faire un nouveau tirage à la fin de mai. Les *Chansons des Rues et des Bois* sont recherchées de nouveau dans tout ce bruit ; ta prose ne suffit pas à tes admirateurs, il leur faut aussi tes vers. Ta poésie fait concurrence à la nouvelle poussée de verdure ; il faut à tous le double soleil de ton génie et de la création... » — in *GUSTAVE SIMON : La Vie d'une femme,* éd. cit. page 403.

(2) Dans l'Etat de Matto-Grosso (Brésil).

de ses lettres datées de Strasbourg, et dans laquelle il décrivait Bar-le-Duc, il disait : « Une jolie rivière y passe. Je suppose que c'est l'Ornain ; mais je n'affirme rien en fait de rivière depuis qu'il m'est arrivé de soulever toute la Bretagne pour avoir confondu la Vilaine avec le Couesnon. Les Naïades sont susceptibles, et je ne me soucie pas de me colleter avec des fleuves aux cheveux verts. Mettez donc que je n'ai rien dit » (1). Mais, en matière de fleuves et d'endroits lointains du Brésil, Victor Hugo se montre de toute assurance un parfait connaisseur ; c'est lui qui a écrit aussi, dans « Récits de Long Cours », des *Travailleurs de la Mer*, ceci : « A Rio-de-Janeiro, il avait vu *les dames brésiliennes* se mettre le soir dans les cheveux de petites bulles de gaze contenant chacune des « vagalumes », belle mouche à phosphore, ce qui les coiffe d'étoiles » (2).

— *L'Homme qui rit*, qui est de 1869 (3), venant sur la liste des œuvres de Hugo tout de suite après *Les Travailleurs de la Mer*, a dans ses « Deux Chapitres Préliminaires » — I — ce passage : « On y voit le lit d'une comtesse de Salisbury, d'un prix inestimable, entièrement fait d'un bois du Brésil qui est une panacée contre la morsure des serpents et qu'on appelle *milhombres* (4), ce qui veut dire *mille hommes*. »

Il est un autre point à noter : au moment du coup d'Etat, alors que Victor Hugo, en 1852, pensa peut-être a

---

(1) v. *Le Rhin*, éd. « *ne varietur* » de Hetzel — vol. II,, page 53.

(2) Dans les *Contemplations* — Tom. I, Liv. III, daté de février 1843 — « Luttes et Rêves », — Victor Hugo a écrit ce vers :

Te prendraient pour l'Aurore aux cheveux pleins d'étoiles.

(3) « Le 4 mai (1869) paraît le *Rappel*... Victor Hugo envoie au journal comme feuilleton : *L'Homme qui rit.* » — v. CONSTANT DE TOURS : *Le Siècle de Victor Hugo raconté par son œuvre*, page 215.

(4) Hugo écrit en espagnol *mil-hombres*. En portugais ce devait être *mil-homens*.

se rendre au Brésil, Madame Victor Hugo, en l'une de ses lettres, disait au poète : « Il n'est pas mauvais que tu aies à ta disposition en portefeuille, là, *tout prêt*, de quoi filer en Amérique et de quoi y vivre un an ou deux ». Après l'expulsion de Jersey, Mme Victor Hugo disait à Mme Paul Meurice, dans une lettre datée de Guernesey, 25 novembre (1855) : « Notre déplacement nous a coûté beaucoup. Que sera-ce donc si nous allons en Amérique? » (1) Cette seconde allusion doit se rapporter surtout au Brésil, d'autant plus que Charles Ribeyrolles (2), qui était très lié avec Victor Hugo, émigra au Brésil aussitôt après l'expulsion de Jersey, et peut-être à l'instigation du grand poète. Comme Hugo disait : « ce Brésil si doré

---

(1) in GUSTAVE SIMON : *La vie d'une femme*, pages 296 et 316.

(2) Voir mon livre sur *Les Français dans l'Histoire du Brésil* — ch. LXVIII, pages 321-324, Briguiet, éd. ; v. aussi VICTOR HUGO : *Les Travailleurs de la mer*, vol. I, ch. V — L'Archipel de la Manche — : « Ribeyrolles, qui est allé mourir au Brésil, écrivait à bâtons rompus, dans un séjour à Guernesey, un memento personnel des faits quotidiens... » — in VICTOR HUGO : *Choses Vues*, éd. Hetzel-Quantin, Paris, 1887 — page 306 : sur l'espion Hubert, Victor Hugo cite le livre de Ribeyrolles, *Les Bagnes d'Afrique*. — in *Les Châtiments*, au 89e vers de « Pauline Roland », Victor Hugo a écrit : — Bagnes d'Afrique ! Enfers qu'a sondés Ribeyrolles ! » — in GUSTAVE SIMON : *La Vie d'une femme*, pages 308-309. — Lettre de Madame Victor Hugo à Madame P. Meurice : « Pyat a fait un discours qu'il a envoyé à l'Homme. Ribeyrolles l'a reproduit. Dans ce discours, Pyat attaquait la reine d'Angleterre maladroitement. Il y avait de l'équivoque. Il parlait d'impudeur. Dans sa pensée, l'impudeur s'appliquait au moral, à la politique. C'était trouble. Il y avait à mordre. On y a vu une atteinte à l'honneur de la femme. La police de M. B... s'est emparée de cela. On a fait des placards, des affiches disant qu'il fallait venger l'outrage fait à la Reine. On a entraîné les oisifs au cabaret, on a payé de l'eau-de-vie à la population des rues, on a ameuté. Il y a eu un meeting où les mouchards ont beuglé. L'avocat Godfroy a défendu la Liberté. Ça été très vif. La réunion a décidé qu'il fallait prendre des mesures contre le journal. Ceci s'est passé samedi (13 octobre 1855). Hier lundi le connétable Le Quesne s'est rendu chez Ribeyrolles, chez Pransiani, pour leur dire qu'ils étaient expulsés, l'un comme rédacteur, l'autre comme propriétaire. » Le 4 novembre 1855, Mme Victor Hugo écrivait à Mme P. Meurice : « Ribeyrolles qui était à Guernesey est maintenant à Londres ; il veut continuer son journal qui prend maintenant de l'importance. » *Idem*, page 314. — En 1859, Ribeyrolles, au Brésil depuis plusieurs années, publiait un livre enthousiaste — *le Brésil pittoresque*.

qu'il fait du reste de l'univers un exil », — Ribeyrolles écrivait : « Quand j'ai vu, Brésiliens, se dérouler à mes yeux vos côtes si riches, votre terre américaine vêtue de palmiers, j'ai compris la vieille religion du dieu Pan ; ébloui, j'ai salué le soleil ! ». Le 1er Juin 1860, Ribeyrolles mourait à Rio-de-Janeiro, et Victor Hugo envoyant l'épitaphe pour le tombeau de son ami (1) disait en une lettre toute sa sympathie pour le Brésil : « Soyez des hommes aux sentiments élevés, soyez une nation généreuse. Vous avez le double avantage d'une terre vierge et d'une race ancienne. Un grand passé historique vous relie au continent civilisateur. Unissez la lumière de l'Europe au *soleil de l'Amérique*. C'est au nom de la France que je vous glorifie ! »

A la fin de l'anée 1871, Victor Hugo publiait encore dans un journal de Belgique un article enthousiaste sur le Brésil pour célébrer la loi qui déclarait libres les enfants d'esclaves.

En 1883, il envoyait ces vers au Club Républicain de Parahyba-du-Sud :

« *J'aime votre patrie au ciel toujours pur,*
Paradis qui se berce entre les flots d'azur,
Où le soleil brûlant, comme un phare féérique
Couvre de ses rayons le sol de l'Amérique.
Vous êtes le printemps et moi, je suis l'hiver ;
Je suis le soir tombant, vous le jour frais et clair,

---

(1) L'épitaphe envoyée par Victor Hugo et qui fut gravée sur le marbre du tombeau de Ribeyrolles au cimetière de Maruhy, à Nictheroy (Rio-de Janeiro), disait :

« *Il accepta l'exil, il aima les souffrances ;*
Intrépide il voulut toutes les délivrances ;
Il servit tous les droits par toutes les vertus,
Car l'idée est un glaive et l'âme est une force ;
Et la plume de Wilberforce
Sort du même fourreau que le fer de Brutus. »

Et j'aime à regarder l'aurore s'épanouir.
Oui ! je sens de la force et la joie me venir
A vous voir. Vous croissez. L'Europe, le vieux monde,
Dans l'histoire a vécu la rapide seconde
De sa vie. Vous serez l'Europe, après-demain.
Le moment est critique. Eh ! bien, prenez la main
De l'avenir puissant qui vous attend. Alors,
Dans ce vaste Brésil aux arbres semés d'or,
Passeront le Progrès, la Force et la Clarté :
On voit sur votre front une aurore d'été.

Paris, le 21 Avril 1883.

VICTOR HUGO. »

Ainsi, toutes ces marques de sympathie pour le pays de Rosita Rosa, Hugo les avait manifestées avant le moment où il eut sa célèbre rencontre avec Dom Pedro II, Empereur du Brésil, dont plus tard il parlera avec orgueil, à la page des conclusions de son volume *Choses Vues*, page qui a fait l'objet de différentes versions imprimées, celles de Richard Lesclide entre autres, in *Propos de Table de Victor Hugo* (p. 84-89) et de Gustave Rivet, in *Victor Hugo chez lui* (p. 289-294).

Après son entrevue avec l'Empereur, Hugo continue à dire et à écrire de belles choses à l'égard du Brésil. Sur la question de la libération des esclaves, voici ses paroles : « Le Brésil a porté à l'esclavage un coup décisif. Le Brésil a un empereur ; cet empereur est plus qu'un empereur, il est un homme » (1).

— Quelle pouvait être la force ainsi capable de diriger dans la pensée de Hugo ces constants élans de sympathie vers le Brésil ? — Quelle personne pouvait être en mesure de renseigner avec tant de précision le poète sur les choses

(1) Voir mon livre sur *Les Français sur l'Histoire du Brésil* — chapitre LXXVII, pages 373-374.

et les mœurs du Brésil ? (1) A partir d'une certaine époque, on songe bien à l'ami et compagnon d'exil appelé à terminer ses jours dans le lointain pays qu'il aimait et qu'il aima si sincèrement. — Mais avant cette époque-là ? N'était-ce point uniquement Rosita Rosa ?

FIN

(1) Brunetière a dit : « Ses paysages, comme ses chants, lui sont « intérieurs » ; ils évoquent pour lui le fond de son imagination ébranlée par ces noms d'Egypte ou d'Assyrie, d'Amérique, et c'est-à-dire, si l'on veut, que tant que « personnelles », ses descriptions demeurent bien « lyriques » à ce titre. » — *Etudes Critiques*, septième Série, 205. Plus loin, Brunetière ajoute : « Exceptons-en quelques croquis d'Espagne — de la plupart de ces tableaux, Victor Hugo n'a jamais vu les originaux. » — Dans *Le Rhin*, éd. *ne varietur*, pages 157, 173 et 183, trois fois Hugo cite le Brésil. Et parlant des paysages grandioses, il cite la baie de Rio-de-Janeiro comme l'une des trois plus belles du monde, avec celles de Constantinople et de Naples.

Etablissements "Publigraphic"
A. DESNOËS et Cie
Bureaux : 76, Rue Taitbout, 76
Ateliers : 17, Rue de la Comète
PARIS

www.ingramcontent.com/pod-product-compliance
Ingram Content Group UK Ltd.
Pitfield, Milton Keynes, MK11 3LW, UK
UKHW020417180726
13839UKWH00003B/1339

9 782329 584270